Albert Kazadi

Tshakatumba

L'Égorgeur De Bétail

de la Couronne

Préface de Pie Tshibanda

L'Égorgeur de bétail de la Couronne
Published by Akulass
Email: kazaddi@gmail.com

Book ISBN: 9781738898800

Coverture: Albert K. Tshakatumba
Imprimé aux Etats Unie d'Amerique

DEDICACE

À ma femme **Georgette Jolie Misengabo Tshakatumba**
À qui je dédie cet ouvrage
Tu sais qui tu es pour moi
Un amour qui a grandi sous l'ombre de ma mère **Marie
Mutoba**
Trouve dans ces lignes où je perpétue la mémoire de mon
père
Modeste Kazadi Tshakatumba
Le dernier Égorgeur du cheptel du roi de Kaseki
Mon indéfectibles amour
Tu sais quelle place tu occupes dans mon cœur
Toi qui m'as donné une famille si valeureuse
Tu sais que je ne sais pas non plus t'immobiliser dans mon
cœur
Car tu es dans nos enfants
Et tu es dans nos petits-enfants
En même temps que tu vis en moi

« Si tu vois un homme habile dans son ouvrage, il se tient auprès des rois ; il ne se tient pas auprès des gens obscurs ».

Proverbe 22 :29

« Une nation sans discipline est une nation sans avenir ».

Wole Soyinka

« Abraham leva les yeux, et vit derrière lui **un bélier** retenu dans un buisson par les cornes; et Abraham alla prendre le bélier, et l'offrit en holocauste à la place de son fils ».

Genèse 22 :13

CONTENTS

Page volontairement laissée vierge

REMERCIEMENTS

Je remercie Dieu le Tout puissant de m'avoir donné la santé et la volonté d'entamer et de terminer ce récit de témoignage.

Je n'ai pas oublié la patience de ma femme, Georgette Misengabo tshakatumba, et de tous mes enfants à qui j'ai subtilisé le temps de vie familiale pour arriver à ce produit. Qu'ils trouvent ici l'objet de toute ma reconnaissance.

Mes remerciements vont également à M. Pie Tshibanda pour la qualité exceptionnelle de son encadrement et de sa disponibilité. Jamais je n'ai trouvé un homme d'une si grande intelligence.

Ce travail n'aurait pas vu le jour sans l'accompagnement et l'encouragement de Dr Kalambayi et son épouse, Vicky, que je remercie dans ces lignes.

Je remercie mon jeune frère, Prof. Dr Dhally Menda, habitué de la plume, qui m'a impulsé à la rédaction de ce récit.

Je remercie enfin mon gendre, Blaise Tshibwabwa, auteur écrivain, qui m'a convaincu de mettre sur papier un amour d'enfance.

Page volontairement laissée vierge

PREFACE

Sur cette terre des hommes, nous ne sommes que des passants, dit-on en Afrique. Nous voyageons, chacun avec son fardeau, sur des chemins déjà tracés par ceux qui nous ont précédés.

A certains endroits, dans certaines circonstances, le cerveau nous dicte de nous écarter d'une voie pourtant confortable pour tracer la nôtre. Elle sera peut-être pleine d'embûches mais à l'arrivée nous aurons la satisfaction d'avoir participé à la construction d'un monde qui nous appartient à tous.

A l'heure du bilan, ce sera une fierté de dire qu'on a, à notre tour, légué quelque richesse à ceux qui nous suivent.

Chez nous, on conseille à un nain: « Plante dans ton jardin un chêne visible de loin ainsi les gens pourront dire: c'est là qu'habite le nain. »

S'il y a des continents où la vie est rythmée par des coutumes, des pratiques, des rites, l'Afrique en est un.

Dans le village de Bena Kaseki, n'égorge pas un animal celui qui veut. Il faut avoir été choisi sur base de critères parmi lesquels la beauté physique et la noblesse; il faut aussi avoir reçu le couteau de mains de l'égorgeur précédant.

Modeste Kazadi le père de l'auteur de ce livre a joué ce rôle. C'est lui qui devait égorger l'animal et goutter à la nourriture du chef avant que celui-ci n'y touche.

Dans une savane où la viande était rare, c'était un grand privilège. Le quotidien tout tracé de Modeste Kazadi fut donc d'égorger, de voir jaillir du sang, d'être jalousé par ceux qui enviaient le poste.

Viendra le jour où, comme piqué par on ne sait quelle mouche, Modeste décidera de s'écarter de la voie tracée.

Il a entendu dire que loin de chez lui, à plus de mille kilomètres, il y avait un eldorado qui pouvait lui permettre de mener une autre vie. Ne comptant que sur son courage et sa force mental, Modeste brisera la coutume, il prendra son baluchon et s'en ira vers un monde où l'homme blanc collaborait déjà avec les africains dans des usines plus gigantesques que la forge de son village.

Quelles difficultés rencontrera-t-il sur son chemin? Comment évacuera-t-il la culpabilité d'avoir rompu la tradition, lui qui ne s'était même pas donné la peine de passer le couteau à un autre égorgeur?

Son fils, Albert Kazadi, nous répond dans ce texte limpide et honnête.

Il remplit ainsi sa mission de passeur de mémoire.

Du coup, il nous présente quelques héros de l'aventure parmi lesquelles: Marie Mutoba, une mère qui rappelle celle de Camara Laye, une femme qui en aura bavé mais qui avait dans son cœur suffisamment d'amour pour pardonner les frasques de son mari.

Nous découvrirons dans ce texte les amours d'une vie, les amis, la famille ainsi que ceux qui sur notre chemin ne rate pas l'occasion de nous tendre des pièges.

Ce texte que je recommande au lecteur et pour lequel je félicite l'auteur, est aussi un livre d'histoire.

D'où vient le clan de bena Kaseki?

Que s'est-il passé au Congo après la proclamation de l'indépendance?

Que s'est-il passé sur le chemin de l'auteur au point de lui valoir l'exil?

Qu'a-t-il vu, qu'il n'aurait pas dû voir, à la gare de Mwene-Ditu?

Albert Kazadi, cadre d'entreprise, l'homme qui faillit mourir, une fois dans le fleuve Congo et l'autre fois pendant les troubles du Katanga, n'élude aucune question. Il en avait déjà vu d'autres comme l'illustre cet extrait sur son enfance: « Ma santé était d'une telle fragilité que médecins et infirmiers finirent par connaitre mon nom. L'hôpital passait pour ma résidence principale. Ma mère pouvait quitter l'hôpital la matinée et y retourner le soir à cause d'une complication d'une autre nature. Les maladies de toutes sortes avaient fait de moi un maigrichon dont l'avenir ne présageait rien de rassurant. Je passais mes journées entières à califourchon sur le dos de ma mère. J'éprouvais des douleurs sur tout mon petit corps; je pleurais donc sans cesse… »

Disons enfin que l'auteur a, lui aussi, échappé au destin d'égorgeur pour se forger un autre destin, celui d'un homme libre.

Pie Tshibanda
Écrivain

CHAPITRE UN

Le Temps De La Résilience

Une infirmière rassure ma mère en lui disant qu'elle ne doit pas s'inquiéter.

J'étais couché sur un petit lit époumoné au milieu d'une toile des tuyaux connectés à une bouteille d'oxygène et à des poches d'eau et de sang. Ma mère me tenait à la main pour me rassurer de sa présence.

C'était la énième fois que je me retrouvais en urgence...

Souvent, je ne savais pas comment j'y arrivais, mais, je m'en sortais in extremis.

C'était ainsi pendant toute mon enfance! Je l'ai passé accroché à ma mère. J'avais besoin d'une surveillance permanente.

Ma mère disait que ma naissance avait été annoncée comme celle du Christ. Elle avait fait un songe au cours duquel un être angélique la pressait d'aller à la gare accueillir un visiteur.

Quand elle lui demanda comment elle allait reconnaître son hôte, l'ange lui dit de juste scander le nom de Albert Kazadi, le visiteur se présenterait.

La nuit de ma naissance, ma mère se souvint du songe et m'appela Albert Kazadi.

Dans un pays et à l'époque où le nom de famille n'était pas obligatoire, mon père fut davantage heureux d'avoir sous son toit un homonyme.

Admirateur du Roi des Belges Albert 1ᵉʳ et de Albert Kalonji, un jeune politicien faisait d'une pierre deux coups.

Quand Albert Kalonji apprit qu'un de ses admirateurs avait donné son prénom à son fils, il vint me voir et remercier mes parents. Il prophétisa que je serais aussi intelligent que lui. Il dit que le prénom de Albert, qui signifie noble et brillant, me seyait.

Avec le temps, mes parents se rendirent compte que la prophétie de Albert Kalonji n'allait pas se réaliser: ma santé était d'une telle fragilité que médecins et infirmières finirent par connaître mon nom. L'hôpital passait pour ma résidence principale. Ma mère pouvait quitter l'hôpital la matinée et y retourner le soir à cause d'une complication d'une autre nature.

Les maladies de toutes sortes avaient fait de moi un maigrichon dont l'avenir ne présageait rien de rassurant. Je passais mes journées entières à califourchon sur le dos de ma mère. J'éprouvais des douleurs sur tout mon petit corps; je pleurais donc sans cesse. Mon visage était souvent couvert de morve mélangée aux larmes. Mon père finit par perdre espoir.

Il n'y avait pas que les maladies qui me rendaient malheureux, il y avait aussi un certain Mwabilayi, un ami de mon père, avec sa moustache en forme de guidon de vélo; cet homme éprouvait un malin plaisir à m'effrayer.

Il me surprenait avec ses grognements comme un lion. Je courais me cacher dans la chambre des parents, en dessous du lit. Il m'y poursuivait. Il manœuvrait longuement le poignet en faisant semblant de fracasser la porte en produisant toutes sortes de bruits pour me faire encore plus peur.

Les weekends, alors que tout enfant se plaisait à jouer avec sa famille réunie, les miens tournaient en Halloween. L'indésirable Mwabilayi avait fini par faire de moi un garçon peureux et pleurnichard. Je devenais plus malade qu'avant, moi qui étais déjà défavorisé par la nature. Je n'étais pas du tout beau à regarder…

J'étais un maigrelet avec des yeux globuleux comme ceux d'une grenouille. Mon nombril, gros comme un morceau de concombre, était visible malgré ma chemise et ma culotte brettelée. Pour les jeunes de ma communauté, j'étais juste un objet de raillerie, un petit monstre qui avait échappé à la sélection naturelle. Comme si ma peine n'était pas suffisante, un gonflement de pupille vint s'ajouter à une difficulté d'uriner à cause de ma verge qui se bouchait comme un tuyau d'arrosage dans lequel serait bloqué un caillou.

Je pleurais à faire peiner ma pauvre mère qui n'en pouvait rien. La carie dentaire vint s'en mêler au point de me donner carrément l'allure d'un moribond.

Mâchoires enflées, ne pouvant prendre que de la bouillie de riz, à 7 ans, je pesais à peine 15 kg. Inapte, bon à rien, mes collègues d'école se raillaient de mon physique comme d'une caricature insolente.

Les enseignants, sensés me protéger, ne se donnaient pas la peine de me consoler.

Il n'y avait que ma mère qui faisait ce qu'elle pouvait pour me maintenir en vie. Elle concoctait toutes sortes de potions pour soulager mon mal.

Mais, malgré ses efforts, je finissais toujours par retourner à l'hôpital, en urgence. Nonobstant toutes les difficultés que j'endurais, elle m'encourageait à mener une vie normale. Je descendais de son dos pour lui laisser la possibilité de vaguer à ses activités, mais sans pour autant trop m'éloigner. C'est dans cette ambiance d'incertitude et de carence de compassion que je devais commencer ma scolarité.

Le premier jour de la rentrée scolaire, ma mère m'avait accompagné à l'École Officielle de la Katuba, à deux kilomètres de la maison familiale. À mon retour, je m'égarai et me retrouvais, heureusement, dans le parage de la maison d'une connaissance de ma famille. Celle-ci me reconduisit à la maison où me parents, ne m'ayant pas vu arriver, s'inquiétaient déjà. Sans l'amitié de Virginie Mbuyamba, l'école aurait été pour moi un enfer.

Virginie était une fille intelligente, très jolie et grande pour son âge. Elle s'était attachée à moi et nous marchions bras dessus bras dessous sur le chemin de l'école. Ses yeux brillaient d'amour chaque fois qu'on se retrouvait à l'école. Elle était devenue très vite mon refuge, les béquilles qui allaient m'aider à narguer tous ceux qui m'intimidaient.

Mes intimidateurs avaient beau être rigides sur leurs pieds comme des chaines, mais ils n'étaient rien parce qu'ils n'étaient pas aimés comme moi qui à leurs yeux n'étais qu'un roseau.

J'avais à la portée de ma main une jolie fille qui m'aimait au moment où eux s'affichaient solitaires comme des chiens égarés. Virginie et moi avions fait l'apprentissage de la langue française ensemble.

Je me souviens des phrases que nous récitions pour étaler nos compétences en la matière: « *J'écris avec un porte-plume… Je me lave la figure…* ».

Nous mangions ensemble tantôt chez moi, tantôt chez elle. Les samedis après l'école, je jouais aux poupées avec elle. Elle était la femme et j'étais le mari.

Nous étions un couple qui ne se querellait jamais. Nous nous aimions à notre manière. Nos deux familles avaient accepté cet amour.

J'avais beau être maigre et rigolo, mais j'étais aimé et amoureux. Notre

enseignant, monsieur Gérard, pour énerver mes collègues, déclarait:
« Celui qui n'aime pas est un cochon! »

La blague passait mal auprès de mes intimidateurs. Ceux-ci juraient de me battre après l'école en présence de Virginie. Ils ne toléraient pas que je sois un privilégié.

En 1963, après des périodes de turbulences au Katanga, Virginie et ses parents s'en allèrent vivre au Kasaï, la terre de leurs ancêtres. Je me retrouvai subitement seul et sans protection, aussi vulnérable qu'une vermine dans un poulailler.

L'école redevint un monde de terreur où la loi du plus fort avait tout son sens. Le vide laissé par Virginie laissa le champ libre à ceux qui me jalousaient. Comment allais-je survivre?

Jean Manyeka, un mince et petit garçon, passait pour le bouffon de notre classe. Incapable de retenir sa langue, il provoquait des conflits puis s'empressait de détaler dès la fin des cours en laissant derrière lui des bagarres. Cependant, tout le monde l'affectionnait.

Jean Manyeka racontait des blagues et de petites histoires qu'il inventait. Il amenait à l'école des bandes dessinées de Tintin qu'il ne savait pas lire, mais qu'il interprétait juste en regardant les images. Nous le croyions.

Malheureusement, Manyeka avait un côté grotesque et méchant quand il s'agissait des filles ou de moi.

Pendant les périodes d'éducation physique, il s'arrangeait pour courir à mes côtés et faisait tout pour me faire tomber.

Nous faisions le cours d'éducation physique sur la cour de récréation, torses nus. Jean Manyeka faisait des commentaires sur ma poitrine de sauterelle et tous les élèves riaient.

On se moquait également de mes jambettes. Pour lui, je ne courrai pas; je sautillais comme un kangourou.

Je haïssais les périodes d'éducation physique à cause de Jean Manyeka.

Quand la folie le prenait, Manyeka se plaçait à mes côtés pendant la course à pied, de manière à me bousculer et à me faire tomber dans la scorie de la cour de récréation. Il ne voulait pas que je puisse un jour gagner la course. Je m'en sortais souvent avec des blessures.

Malgré les innombrables incidents de ce genre, mon enseignant n'intervenait jamais. En revanche il éprouvait, lui aussi, un malin plaisir aux sales comédies de Jean Manyeka.

Les intimidations que je subissais avaient fini par créer en moi des sentiments de détresse. J'en ai souffert pendant toute mon adolescence. Il avait fallu l'arrivée au mois d'Avril d'un élève atypique dans notre classe pour que je puisse respirer.

Le nouveau venu était grand, robuste et portait des culottes qui le serraient aux cuisses. Il s'appelait aussi Jean. Nous l'avions surnommé « Mujibos », le diminutif de Mujibala, son nom de famille.

Mujibos venait de la classe de 4ᵉ année. Le directeur de l'école avait décidé de le rétrograder en 3ᵉ année à cause des difficultés d'apprentissage qu'il présentait.

En 3ᵉ, Mujibos ne s'en sortait pas non plus; il fut rétrogradé, cette fois en 2e année, ma classe. Mujibos ne savait ni lire ni écrire. Cependant, la nature l'avait doté d'une mémoire d'éléphant. Il pouvait mémoriser toutes les paroles de l'enseignant et les vomir avec fidélité dès qu'on lui posait une question.

Les enseignants de toutes les classes par lesquelles il passait étaient déroutés. Ils ne savaient que faire de ce prodige. Toutes les stratégies qu'ils essayaient pour l'aider ne tenaient pas. La rétrogradation s'imposait comme un dernier rempart.

C'est de cette manière que Mujibos avait atterri dans ma classe. Notre enseignant s'appelait Gérard Ngoie. Il lui avait élaboré un plan d'apprentissage personnalisé sur base de méthodologie directe en vue de l'aider à se rattraper en écriture et en lecture.

Dans la classe, tout le monde, y compris l'enseignant, craignait Mujibos. Le géant s'était d'ailleurs imposé comme chef de classe. Ce qui aida Mr Gérard à faire régner la discipline sans trop s'époumoner.

Avec le temps, Mujibos se fit le défenseur des faibles comme moi. Désormais, toute personne qui osait parler négativement de ma personne savait à quoi s'attendre au sortir de l'école. Jean Manyeka fut le premier à recevoir de Mujibos la leçon.

Un jour, à cause de sa turbulence, Mujibos lui fracassa la mâchoire devant un public sidéré. L'incident clos, Jean Manyeka la ferma pour de bon.

Enfin, je pouvais me reposer et même exprimer mon opinion dans la classe. En échange des faveurs de mon bienfaiteur, je lui amenais des friandises.

Content, Mujibos finit par déloger l'élève avec qui je partageais le pupitre pour venir s'assoir à mes côtés. Il pouvait ainsi copier sans effort mes résolutions des problèmes et ainsi améliorer ses notes de Mathématiques.

Mujibos finit par devenir mon ami, mais ma mère ne voulait pas me voir en sa compagnie à cause de son côté barbare. En sa compagnie, je devenais progressivement un mauvais garçon. Mujibos m'entrainait dans des aventures qui finissaient mal.

Un soir après l'école, il m'avait amené exploser les vitres des fenêtres de l'Athénée de la Katuba à proximité de notre école. Il y avait des jeunes scouts en camping dans les parages. Ils nous ont pris en chasse et m'ont attrapé après une chute dans un champ de maïs. Mujibos, lui, avait réussi à s'échapper. Avec leurs cordelettes, les scouts m'ont fouetté aux fesses au point que je suis rentré à la maison en rampant. Il me faudra d'autres incidents pour acquérir la sagesse.

Nous avions la passion de catapulter des pierres sur les chiens errants. On s'amusait à les atteindre juste au moment où ils s'apprêtaient à uriner ou à déféquer. Plusieurs chiens de mon quartier boitillaient à cause de Mujibos et moi.

Un jour, l'un d'eux m'avait mordu; j'ai retenu la leçon. Il fallait bien qu'un jour j'arrête, si pas par la sagesse, par la leçon de la douleur. L'année suivante, pour la grande joie de ma mère, Mujibos décrocha.

De nouveau seul, l'école redevint pour moi un milieu d'insécurité. Je me demandais si je ne devais pas à mon tour jeter le crayon.

Virginie partie, Mujibos absent, mon unique source de sécurité et d'amour n'était plus que Marie Mutoba, ma maman bien-aimée.

Mais au moment où son freluquet de fils faisait face à des intimidateurs, elle était très occupée à allaiter mon petit frère Dhally Menda qui venait de naître. Elle se demandait comment j'allais survivre, seul, dans un milieu scolaire hostile. Elle craignait surtout que je ne décroche, comme l'avaient fait bon nombre de jeunes de mon voisinage.

Ces derniers passaient leur temps à fumer malgré leur jeune âge. Les parents quant à eux n'y voyaient que du feu, ils ne se rendaient compte de la bêtise qu'en fin d'année, lorsque le fautif n'arrivait pas à montrer son bulletin.

Le flair de ma mère ne l'avait pas trompée: j'étais prêt à aller rejoindre le groupe de mauvais garçons…

Ma mère prit le devant, elle alla parler au directeur d'école pour lui demander de me protéger. Elle profita également du congé de détente pour programmer ma circoncision! J'avais 7 ans. Pour elle il était de temps que je subisse ce rite initiatique.

La circoncision devait se faire à ce moment-là pour que la plaie sèche avant mon baptême et ma première communion dont les dates n'étaient plus loin. Timothée, infirmier aux cliniques universitaires, allait s'occuper de moi.

Le dimanche matin, il s'amena avec une trousse contenant des ciseaux, un flacon d'alcool et un rouleau de bandage. Il me coucha sur une natte. Mon père et son ami Sylvano Kansela me tenaient fermement pour m'empêcher de bouger.

L'opération se faisait sans anesthésie. Saisi de peur, je criais. Je lançai un jet de pipi dans le visage de Sylvano qui me lâcha immédiatement. Fâché, mon père m'administra une claque sur les fesses pour me rappeler à l'ordre. Il serra avec ses bras mon petit corps pareil à une clé à courroie Boa et bloqua mes jambes et mes bras. Ce qui permit à Timothée à entamer la circoncision.

Il me tira la peau du prépuce jusqu'au sillon situé à la base du gland. Après avoir coupé la peau qui retenait le prépuce sur la face inférieure du gland, il me coupa la peau d'alentour. Je criais à tue-tête, plus de peur que de mal.

C'était ma première opération, la première fois que je voyais mon sang couler...

Timothée cousit calmement la peau des alentours sans faire attention à mes cris. Sa dextérité laissait voir son expérience en la matière.

Après l'opération, il posa le pansement au tour de la tulipe bourgeonnante.

Il reviendra tous les deux jours pour renouveler le pansement. Une autre torture!

Deux semaines après, la plaie s'était cicatrisée. Je ressentais néanmoins de petites douleurs au moment d'uriner. J'avais de la chance par rapport à mes aînés qui, eux, avaient connu des infections.

Pendant ce temps, ma mère se retrouva à l'hôpital, cette fois avec mon petit frère Solomon Nyengele.

De mon temps, la circoncision était inévitable. Les garçons de mon âge qui essayaient de l'esquiver étaient mal vus à l'école par d'autres camarades. On les appelait des mususu, c'est-à-dire des incirconcis. Cela passait pour une injure.

Les mususus n'étaient pas les bienvenus aux jeux et aux autres loisirs. Pour éviter l'exclusion, nous étions obligés de passer par la circoncision.

Personne ne nous avait expliqué la pertinence de la circoncision. En fin de compte, j'étais heureux d'avoir échappé et à une infection et à une mauvaise cicatrisation.

Quand la plaie sécha, mon père organisa une petite cérémonie pour m'accueillir dans la cour des hommes. Je reçus des cadeaux et des conseils adaptés à mon nouveau statut.

L'ami de mon père qui présidait la cérémonie nous parla de la sexualité, sujet tabou dont ne parlent pas facilement enfants et parents. Surnommé Gentleman, il n'y alla pas par quatre chemins. Il me mit en garde à propos de l'usage du pénis en ces termes:

« Albert 1ᵉʳ, ton pénis n'est pas une bouteille de champagne à secouer. Tu seras bientôt baptisé. Tu ne te serviras de ton pénis que quand tu te marieras. La fornication ou le sexe avant le mariage est un péché. Les maladies sexuellement transmissibles guettent celui qui fait un mauvais usage de son pénis… »

Sur le champ, je ne comprenais rien à ce que Gentleman disait. Je gardais néanmoins ces conseils dans un coin de ma mémoire. Tout compte fait, Gentleman n'avait pas tort.

Nos bibittes n'aidaient pas seulement à uriner au bord des trottoirs ou à mouiller le lit aux bons moments de capricieux rêves de petit matin. Il nous arrivait souvent de nous adonner à des compétitions de jet d'urine.

Les concours se tenaient généralement derrière l'école pendant les récréations quand on ne jouait pas au football ou à un autre jeu. On se tenait à plusieurs sur une ligne. Le vainqueur était celui qui enverrait de sa seringue le plus haut possible et le plus loin son jet d'urine.

J'étais très fier de participer aux Olympiques de jet d'urine même si je n'avais jamais gagné. « Le plus important aux Jeux olympiques, disait Pierre de Coubertin, n'est pas de gagner, mais de participer ».

Cependant, ceux qui arrivaient à se contenir jusqu'à la récréation s'en sortaient bien. Ils pouvaient lancer leur jet d'urine jusqu'à cinq mètres. C'était le cas de Denis, le fils de Gentleman. Il était notre Manneken-Pis.

Il était si fier de ses exploits qu'il oubliait de boutonner sa culotte brettelée. Évidemment, les mususus n'osaient pas se présenter sur la ligne de la compétition.

Cependant à l'école, personne ne sut que je venais à peine d'être circoncis en ce moment précis, sinon Jean Manyeka en aurait fait un tas de foin.

Nous avions un nouveau directeur. Il s'appelait Kanyinda Kitchen. Il revenait d'un stage de formation en Belgique. Il était toujours tiré à quatre épingles.

Kitchen était un monsieur très maniéré. Il promit à ma mère qu'il allait me suivre de plus près. Régulièrement, il entrait dans ma classe et venait me demander si tout allait bien.

Le trauma et la peur dont les intimidateurs m'accablaient s'évanouissaient au fil du temps. Je repris confiance en moi et me remis aux études avec assiduité.

J'avais même réussi à mémoriser la table de multiplication jusqu'à 12 sans aucun problème.

J'avais une enseignante cette année-là. Elle s'appelait Perpétue. Je ne me rappelle plus son nom de famille. Elle m'encourageait à me focaliser sur mon apprentissage au lieu de prêter les oreilles aux racontars.

Mme Perpétue me valorisait. Elle avait fait de moi son rempart en Mathématiques. Là où tout le monde peinait à trouver les réponses, elle m'appelait au secours. Mme Perpétue me donnait des livres de lecture et m'encourageait à partager le contenu avec la classe.

S'agissant de mes performances en Arithmétique, j'avais en effet un avantage par rapport à mes camarades. Je vivais les mathématiques dans un monde reel! J'étais tout le temps au comptoir avec mon père après l'école. Je le remplaçais quand il devait prendre une pause. Modeste Kazadi se méfiait de mes aînés qui avaient de longs bras...

Je savais échanger la monnaie sans difficulté et en aucun moment mon père n'avait déploré des manquants de caisse. Pendant que je tenais le commerce de mon père, j'avais toujours mes cahiers ouverts en dessous du comptoir. J'étudiais en travaillant.

Je me souviens qu'un soir, notre voisine Nampundu avait dit à mon père que je deviendrai un ingénieur. Mon père qui traitait ses garçons de bourriques avait rétorqué: « Nampundu, tu rêves ou quoi? Avec des enfants qui n'aiment pas l'école, tu penses qu'il peut sortir quelqu'un de valable de ma famille? »

Modeste Kazadi n'avait pas tort! Son aîné, pour qui il avait tant investi avait abandonné les études sans raison valable. Louis, pourtant intelligent, avait lui aussi jeté l'éponge.

Quoique mes débuts semblaient prometteurs, papa disait qu'il était aussi malheureux que M. Seguin et ses chèvres.

Les prédictions de son ami Albert Kalonji n'étaient pas suffisantes pour le rassurer. Il avait même déjà oublié que mon prénom signifiait lumière et intelligence. Il voyait mes réussites scolaires comme un accident de parcours. Dans son for intérieur, il se disait que la mèche finirait par s'éteindre et que je finirais comme mes aînés.

Modeste Kazadi s'en voulait de nous avoir procuré une certaine aisance matérielle: les enfants des pauvres déployaient beaucoup d'efforts pour sortir de leurs conditions pendant que ceux qui ont le cul dans du beurre ne voient pas toujours pourquoi travailler.

Cependant, l'attitude et les propos pessimistes de mon père, loin de me décourager, aiguisaient ma rage de réussir. J'étais déterminé à laver l'opprobre de la famille et de confondre mon pauvre papa. Je m'étais juré de faire de grandes études.

Un soir, de passage à notre boutique pour acheter la cigarette, Mme Perpétue, mon enseignante, était surprise de me trouver seul au comptoir.

Je l'ai servi et lui ai remis la monnaie sans aucune difficulté! Fière de moi, elle en parla à ses collègues, et fit des commentaires élogieux en classe.

À partir de ce moment-là, je me sentais respecté dans mon école. Les camarades de classe avaient cessé de me donner toutes sortes de noms d'animaux. Mes tortionnaires s'étaient transformés en de petits mendiants à qui j'apportais des bonbons. Mieux, tout le monde voulait devenir mon ami.

Dans l'entre-temps, ma timidité se dissolvait progressivement. Comme j'aimais lire, le directeur m'avait confié la gestion de la petite bibliothèque de l'école. J'avais l'avantage de retirer les livres sans aucune autorisation et je les dévorais avec plaisir.

J'eus ainsi la chance de mettre la main sur un condensé de Socrate « Connais-toi toi-même avant de connaître les autres ».

Les principes développés dans ce livret m'aidèrent à combattre ma timidité. J'appris à tourner à mon avantage ma taille dont se raillait mon entourage, en effet, j'étais très grand pour mon âge.

En 4e primaire, déjà, j'étais plus grand que tous les enseignants de mon école. Tout le monde, même mon frère aîné, devait relever l'échine pour me parler. Chaque fois que Lucien me menaçait en me tenant dans le collet, je retirais sa main aisément, et il ne savait pas me gifler.

J'avais déjà compris dans mon chemin de la résilience que je devais tourner à mon avantage toute ressource à ma disposition et m'en servir dans ma vie.

Je m'étais investi dans la course à pied et le lancement des objets. L'écoute de ma mère et le réconfort de madame Perpétue m'avaient aidé à bâtir une forte personnalité.

Marie Mutoba tenait à ce que je sois toujours bien habillé. Pour elle, la confiance en soi passait par l'apparence. Au moment où mes camarades mettaient des culottes en lambeaux et jouaient dans la rue au football, les pieds nus, moi j'étais bien vêtu. J'avais de belles chaussures et je portais des belles chemises blanches avec cravates.

Très chic, je devenais de plus en plus beau. J'étais après tout un fils Kaseki, le plus grand commerçant de la Katuba… La route des écoles passait par la maison de commerce de mon père. C'était à notre buvette que tous les enseignants et les directeurs d'école se désaltéraient après de longues heures de travail.

Ma mère ne faisait que s'appuyer sur la bonne réputation de la famille pour m'aider à forger mon identité. Mon père me donnait maintenant plus de crédit que quiconque de la famille, non seulement parce que je portais son nom, mais surtout parce que j'inspirais confiance.

Comme il fallait s'y attendre, il y eut des jaloux dans la famille et cela pouvait se comprendre: bien qu'il eût fait venir de son village natal ses frères (Albert, Armando et Donatien) pour l'aider à tenir le bar, le magasin demeurait mon affaire.

Mon père n'avait pas confiance en ses frères. Ceux-ci faisaient disparaître les marchandises en même temps qu'ils volaient l'argent malgré des contrôles réguliers. Papa préférait les occuper au bar où le contrôle était plus simple qu'au magasin.

Au bar, il lui suffisait de compter les bouteilles vides et de vérifier les recettes. Avec moi, il n'avait pas besoin de surveillance.

Le peu de crédit qu'il pouvait encore garder vis-vis de l'un de ses frères se dissipa le jour où il attrapa l'un d'eux en flagrant délit de vol. Il les écarta de ses affaires et leur trouva du boulot à l'entreprise du chemin de fer, la BCK.

Les choses changèrent pour moi le jour où il y eut cet incident au magasin: un épervier s'était infiltré dans le magasin; il était allé se cacher derrière les étagères. Je l'avais vu, mais j'avais oublié d'en parler aux parents.

Le lendemain, Lucien, mon frère aîné, était tombé malade. Il avait des éruptions sur tout son corps! La situation s'empira au point que nous craignîmes pour sa vie. L'oiseau ne sortit de sa cachette que quelques jours plus tard.

Cette fois c'est mon père qui fut témoin de la scène. L'oiseau était gros, il avait des pattes d'aigle. C'était un oiseau de Malheur, venu apporter la maladie.

Mon père me releva et jura de ne plus jamais me laisser seul au magasin! Je devins son boy-chauffeur, chargé de l'accompagner dans toutes ses courses d'approvisionnement. Quoique mince, j'avais assez de force pour embarquer et décharger des casiers de bières.

Entre les interludes, je lisais mes notes et faisais mes devoirs. Comme récompense, je conduisais le véhicule avec l'aide de mon père: je tenais le volant pendant que lui s'occupait des pédales.

Les garçons de mon quartier en faisaient leur sujet de conversation! Mes camarades d'école et mon enseignant me voyaient au volant de la Chevrolet, quand mon père me conduisait à l'école. Bon nombre d'élèves n'avaient jamais mis les pieds dans une auto; j'étais un privilégié…

Mon père ne se préoccupait presque pas de ma scolarité, persuadé que ses garçons n'étaient pas faits pour les études. Il avait complètement oublié la prophétie de Albert Kalonji.

Mais puisqu'il m'aimait particulièrement, il trouvait convenable de me préparer au métier de commerçant.

C'était sans compter avec ma mère! Elle croyait en moi et refusait que mon père me prenne tout mon temps…

Elle convainquit son mari de me dispenser des tâches du convoyeur.

Mon père finit par embaucher Moïse, un autre aventurier qui vint grossir l'équipe des escrocs.

Dans le souci de m'aider à récupérer le temps perdu, ma mère me procura un répétiteur, un jeune homme finaliste en humanités agricoles. Il s'appelait Anaclet Mukendi. Mon frère Louis le surnomma Kenfukutu, parce qu'il était de petite taille.

Anaclet m'apporta ce qui me manquait. Son influence fut déterminante dans mon éducation. Grâce à lui, je pris conscience de mon avenir. Je devins plus studieux et positif.

Chaque matin, il me réveillait à 5 heures et nous partions étudier dans le champ des sapins derrière l'Athénée de Katuba. On revenait de là vers 7h00 pour aller à l'école.

En 5e année, je fus le 1er de la classe. Le respect s'était maintenant installé dans le chef de mes camarades d'école. Mon enseignant ne jurait plus que par moi.

Anaclet devint un véritable ami, malgré son âge avancé. Il en fut de même avec George Ngoie, mon enseignant de la 5ᵉ année.

Quand plus tard j'ai eu la chance de visiter sa classe, George me présenta à ses élèves avec fierté.

En ces années-là régnait le TP Mazembe, ex-Englebert, une talentueuse équipe de football. Plusieurs joueurs, dont son gardien des buts, formaient l'épine dorsale de l'équipe nationale, Léopard.

Le gardien s'appelait Robert Kazadi, il était surnommé Léopard. Robert avait du talent... Il sautait sur les balles aériennes comme un fauve, d'où son surnom de Léopard.

Du fait que je m'appelle également Kazadi, tout le monde à l'école m'appelait Léopard... Je devenais une célébrité dans mon école. J'étais pour ainsi dire un chanceux qui prospérait comme un véritable gagneur.

J'avais beaucoup subi de la part des intimidateurs, c'était à mon tour de récupérer et de grandir. J'appris aussi à me defender! Je profitais de toutes les occasions pour affermir ma personnalité.

En bon résilient, j'apprenais à comptabiliser mes forces et à faire de mes faiblesses une force. Je m'appuyais sur mes atouts pour orienter mon destin.

Je me voyais de plus en plus positif, convaincu qu'il est possible de devenir ce qu'on désire d'être. Le temps était venu de reconstruire ce que Mwabilayi, Jean Manyeka et tant d'autres avaient détruit en moi.

Dans des sociétés en retard, et surtout à notre époque, personne ne se préoccupait des infortunées. Il fallait se prendre en charge soi-même pour survivre.

Dans l'entre-temps, la vie dans la province du Katanga devenait dangereuse... Elle avait commencé à se dégrader dès l'accession de notre pays à la souveraineté nationale et internationale.

Les choses se passaient comme s'il y avait un esprit méchant qui avait envouté les jeunes politiciens qui pourtant avaient arraché le pays à la gourmandise du puissant colonisateur, la Belgique. Que nous réservait l'avenir?

Page volontairement laissée vierge

CHAPITRE DEUX

Les Forces du Mal

Pendant que l'insouciance de la jeunesse était en train de se dissiper, je prenais de plus en plus conscience de ce qui se passait autour de moi. Malgré mon jeune âge, je voyais défiler dans ma tête des images forgées à partir de récits des troubles que mon pays a connues dès son accession à l'indépendance, ainsi que nous les racontait souvent mon père.

Trois mois après la proclamation de l'indépendance du Congo, le 30 juin 1960, la province du Katanga annonça son autonomie. Celle du Sud-Kasaï lui emboita le pas.

Entre-temps, à Kinshasa, le premier ministre Lumumba et le président Kasa-Vubu se révoquaient mutuellement.

S'en suivirent l'assassinat de Lumumba et le coup d'État de Mobutu. Le frère de l'un des artisans de l'assassinat de Lumumba était un proche de mes parents. Il s'appelait Lucas Samalenge, il était ministre de l'Information dans le cabinet de Tshombé, le chef sécessionniste. Son petit frère s'appelait Christophe Samalenge.

Les deux frères venaient souvent se désaltérer chez nous, au Bar Kaseki. Le coin était le rendez-vous de plusieurs politiciens. Mon père leur avait aménagé un local où ils buvaient jusque tard dans la nuit.

Le jour où Lumumba fut assassiné, mon père fut mis au courant avant les radios internationales. Il en fut ainsi des autres plans machiavéliques. « In vino veritas », ont dit les Romains.

L'alcool déliait aisément les langues. À peine revenu de l'aéroport où il avait pris livraison du cadeau envoyé de Léopoldville, Lucas Samalenge chantait à tue-tête: « Nous lui avons réglé son compte, ce cinglé de Lumumba! »

L'assassinat de Lumumba devait pourtant être secret. Il ne faisait pas d'être un témoin gênant.

Peu de temps après, Lucas perdit la vie dans un accident de circulation.

Son frère Christophe accusait le ministre de l'Intérieur d'assassinat. Craignant également pour sa propre vie, Christophe se cacha pendant un temps. Sa famille vint se réfugier chez nous. Sa femme s'appelait Marthe et leurs enfants étaient devenus nos amis. Je jouais beaucoup plus avec Augustin Mununga et Désiré Kazadi, l'aîné. Nous jouions à la guerre et au cache- cache.

Marthe était une très belle femme, elle buvait beaucoup l'alcool. Elle était très attachée à ma mère qu'elle considérait comme sa propre grande sœur. Leur relation nous sauvera la vie plus tard, au moment des débordements meurtriers de la gendarmerie katangaise.

La gendarmerie katangaise était une sorte de milice du ministre de l'Intérieur Godefroid Munongo. Ses officiers pénétraient dans les maisons de Kasaïens et tuaient à l'arme blanche, hommes, femmes et enfants. Ils égorgeaient les humains comme des animaux.

Godefroid Munongo fut surnommé Kifyakiyo (balai en swahili); il allait débarrasser le Katanga de la saleté kasaïenne.

Beaucoup de Kasaïens périrent pendant cette période. Les plus chanceux réussirent à se cacher dans les montagnes de Kanyaka où le chef coutumier des Balamba, Inoki, les accueillit.

De la position stratégique de notre maison, je pouvais voir au travers du trou de la serrure de la porte des colonnes de kasaïens qui s'en allaient vers les montagnes.

Notre maison donnait sur la route de Kanyaka. L'ONUC (Organisation des Nations Unies au Congo) recevait aussi des kasaïens qu'elle abritait dans des écoles et des hôpitaux. Peu d'eux lui faisaient confiance. Ils soupçonnaient L'ONUC d'être de connivence avec la Gendarmerie Katangaise.

À vrai dire, je détestais également Lumumba. On racontait qu'il n'aimait pas les kasaïens et les Katangais à cause de leur rébellion par rapport au gouvernement central de Kinshasa.

À Élisabethville, on pouvait voir, affichées aux arbres, des affiches de Lumumba à l'effigie d'Hitler.

Au moment où les troubles avaient commencé, mon père, en tant que kasaïen, ne se sentait pas visé. Il pensait que le Katanga était également sa patrie. Il croyait encore à son amitié avec le milieu politique katangais. Modeste Kazadi comptait parmi ses amis Godefroid Munongo, et le père de Moïse Tshombé.

Naïf qu'il était, il ne voyait pas le danger venir. Il était confiant et dormait tranquillement chez lui malgré les crépitements des balles et les obus des mortiers qui pleuvaient.

Un jour, il reçut la visite d'un de ses clients, Prospère Kitambala. Il était dans la gendarmerie katangaise. Il venait lui demander de lui offrir une bouteille de bière, car il avait très soif. Il faisait chaud à faire cuire un œuf.

Prospère Kitambala passa par la porte de derrière, car le bar était fermé à cause de la guerre. Mon père ne pouvait pas la lui refuser. Prospère Kitambala l'aidait à stocker des casiers de bière dans l'entrepôt du bar.

Après s'être désaltéré, Prospère Kitambala ouvrit son cœur à son bienfaiteur: Kaseki, je pense que tu dois partir d'ici sans tarder. On vient te tuer ce soir avec toute ta famille. Tu dois partir…

Mon père essayait de comprendre… Pourquoi veut-on me tuer? Prospère Kitambala insistait… Je n'ai pas le temps de tout t'expliquer. Prends ta famille et vide le camp tout de suite!

Prospère Kitambala proposa à mon père de le rendre invulnérable aux balles. À l'aide d'une lame de rasoir, il nous scarifiait tous à l'avant-bras et nous frottait une poudre noire.

Kaseki, Il dit à mon père, c'est peut-être trop tard pour que tu puisses t'en sortir avec ta famille. La gendarmerie a placé des barrages de contrôle sur toutes les routes. Cette poudre pourra vous sauver la vie. Elle vous rend invulnérables aux balles.

Son hôte parti, Modeste Kazadi se mit à entreposer des vivres dans sa voiture Ford blanche. Il envoya mes aînés avertir son ami Sylvano Kansela et chercher son frère Donatien et son chauffeur. Le chauffeur s'appelait Kaso Mboyi.

Mon père planifiait de nous amener dans la cité minière de l'Union Minière du Haut Katanga (UMHK) qui offrait plus de sécurité. Elle était sous surveillance des forces onusiennes qui sécurisaient les installations de raffinerie du cuivre.

Je profitais de sa distraction pour infiltrer une arme que j'avais ramassée dans le bar… Je l'avais enroulée dans un pagne, puis cachée dans le capot arrière entre les sacs de riz.

Mes parents ni mes frères non plus ne savaient pas que je détenais un fusil allemand mauser! Je l'avais ramassée dans le bar. Elle appartenait à un gendarme qui s'était enivré et l'avait oubliée en dessous de sa table. Il était revenu le jour suivant demander à mon père s'il n'avait pas par hasard ramassé son arme.

Mon père avait ri de lui: Sors d'ici! As-tu déjà vu un gendarme qui oublie son arme?

C'était une *mauser* pimpante neuve avec un chargeur de balles. J'avais caché l'arme en dessous de mon lit.

Kaso Mboyi calibra les pneus avant de partir. Il conseillait à mon père de vider le lieu à la nuit tombante. Il emprunta des raccourcis pour tomber sur la grande route non asphaltée qui menait à la cité minière.

Puis, les armes se mirent à crépiter. Des tonnerres des coups des mortiers assourdissants nous provenaient de partout. Le ciel noir s'étoilait d'éclats d'obus et des trajectoires des balles comme des feux d'artifice.

Le spectacle qui s'offrait à mes petits yeux d'enfant, quoique effrayant, serait splendide et ahurissant en temps de paix. Je vivais en temps réel la toile La nuit étoilée de Van Gogh. Je croyais à la fin du monde…

Nous allions chez un cousin de mon père qui s'appelait Shambuyi. Nous étions arrivés chez lui dans la nuit.

À notre arrivée, Shambuyi s'était déjà enfermé avec sa famille. Il ouvrit la porte quand il reconnut la voix de mon père:

Modeste, dit-il, tu as bien fait de quitter la commune Katuba. Elle devenait de plus en plus dangereuse.

Shambuyi ajouta après nous avoir servi le souper: « Tu seras toujours le bienvenu avec ta famille. Mais, je crains beaucoup pour ta sécurité ici. Ta voiture va susciter beaucoup de curiosité. Si tu as une autre possibilité, je te conseille de t'en aller. Autrement, nous allons tous périr ici. Ces gens sont sans pitié. Ils passent partout malgré la surveillance de l'ONUC. "

La Ford blanche de mon père attirait effectivement beaucoup d'attention. On l'assimilait aux autos blanches de l'ONUC, ennemie des sécession- nistes.

Nous étions obligés de partir de la cité minière pour le quartier Bel-Air où mon père avait acheté une maison des années avant. Là, disait mon père, nous serons beaucoup plus en sécurité. Le Bel Air était principalement habité par des expatriés belges et était sous surveillance des troupes de l'ONUC.

Par malheur, arrivé à une bifurcation, alors que l'auto roulait à toute vitesse, Kaso essaya d'éviter un gendarme ivre qui venait en sens contraire, mais c'était trop tard!

Il l'avait tamponné et son corps avait échoué sur le pare-brise de l'auto.

La Ford s'immobilisa net sous le coup. Mon père sortit aussitôt pour secourir l'homme. Le gendarme était malheureusement mort sur place!

Peu de temps après, je voyais des gens surgir de partout… Ils finirent par devenir une foule sans âme. Ils basculaient l'auto dans tous les sens. Ils étaient pour la plupart armés des bâtons et des machettes. Nous tremblions de peur dans l'auto…

Nos assaillants menaçaient de mettre le feu à la voiture et de nous cuire comme de la chair à barbecue.

Je me disais intérieurement que c'était le moment de sortir mon mauser caché dans le coffre de l'auto. Je voulus sortir pour secourir ma famille, mais je fus brutalement repoussé par mon oncle Donatien Mwamba.

Il me retenait par le bras… Où veux-tu aller, Albert? Ce n'est pas le moment de jouer.

Je ne sortais pas pour jouer… Je ne pouvais malheureusement pas lui dire que j'avais une arme dans le coffre arrière et que je voulais la récupérer pour protéger tout le monde!

J'avais à peine 6 ans et personne ne pouvait me croire. À cause de son entêtement, nous étions contraints à nous blottir dans l'auto, attendant qu'on fracasse le pare-brise pour nous écraser comme des cancrelats. La foule nous criait dessus tout autour de la Ford.

Les gendarmes Katangais arrivèrent sur la scène en brandissant leurs armes. Ils pointaient leurs canons sur nous. Ils avaient l'air drogués. Ils chantaient, disant qu'ils avaient cueilli un espion de l'ONUC.

Du fait que Modeste Kazadi était de peau claire, on l'assimilait aux Marocains ou Tunisiens de l'ONUC.

Puis, les officiers discutèrent brièvement entre eux avant de revenir vers nous. Le plus gradé de tous intima l'ordre à mon père de descendre de l'auto.

Il le contempla et le reconnut: « Kaseki! lui dit-il. Est-ce toi? Godefroid Munongo a promis une forte récompense à quiconque lui amènera ta tête. Tu es fini aujourd'hui, mon ami! »

Mon père était évidemment très connu à cause de son commerce. On l'appelait toujours par son nom de commerce. L'officier qui l'apostrophait s'appelait Kalasa. Il était, comme les autres, sous l'effet de l'alcool.

Il cracha sur mon père et dégaina son pistolet sans aménagement. Il le pointa sur son front et appuya sur la gâchette. Le temps s'était arrêté pour nous tous qui regardions la scène à travers les vitres de l'auto. Personne n'avait le temps de réaliser ce qui se passait, tellement que les événements se succédaient très vite.

J'eus juste le temps de crier fort NONNN, mais c'était trop tard. Le déclic de la gâchette avait déjà retenti!

Une fumée blanchâtre s'échappa du canon de l'arme… La détonation s'était étouffée comme un pétard mouillé. Mon père était toujours debout en face de Kalasa!

Je croyais rêver. Modeste Kazadi était là, figé, le regard pointé vers celui qui avait reçu la mission de le tuer…

Kalasa mania son arme à nouveau, mais sans succès! Il essaya une troisième fois et une quatrième fois sans que la balle ne parte.

Toute la foule autour de nous était silencieuse, sidérée par la scène. Les gens étaient si silencieux que je pouvais entendre les frémissements des feuilles du manguier au pied duquel notre auto avait échoué.

Mon père n'était pas agité face à nos assassins. Le cœur du dernier égorgeur de Kaseki fonctionnait à son rythme habituel…

Je n'avais jamais vu son visage rayonner comme ce jour-là. Je pouvais lire dans son regard qu'il posait sur le jeune officier le dédain qu'avait Alfred de Vigny quand il concluait:

« Hélas! Ai-je pensé, malgré ce grand nom d'Hommes.
Que j'ai honte de nous, débiles que nous sommes!
Comment on doit quitter la vie et tous ses maux,
C'est vous qui le savez, sublimes animaux!
À voir ce que l'on fut sur terre et ce qu'on laisse,
Seul le silence est grand; tout le reste est faiblesse.
Ah! je t'ai bien compris, sauvage voyageur,
Et ton dernier regard m'est allé jusqu'au cœur!
Si tu peux, fais que ton âme arrive,
À force de rester studieuse et pensive,
Jusqu'à ce haut degré de stoïque fierté
Où, naissant dans les bois, j'ai tout d'abord monté.
Gémir, pleurer, prier est également lâche.

Fais énergiquement ta longue et lourde tâche,
Dans la voie où le sort a voulu t'appeler.
Puis, comme moi, souffre et meurs sans parler. »

Kalasa semblait lire la même ironie dans le regard de mon père. Il cracha de nouveau sur son visage. Il alla prendre un mauser allemand et le pointa sur la tempe de mon père, puis appuya sur la gâchette...

C'était une fois de plus de la fumée blanche. Je finis par comprendre que la poudre magique de Prospère Kitambala avait fonctionné! Nous étions invulnérables...

On nous évacua de l'auto sans autre forme de procès. Kalasa prit le volant de la Ford et emporta Kaso Mboyi et mon père vers une destination inconnue.

Nous sommes restés sur le lieu de l'incident avec autour de nous des gendarmes et des badauds.

Nous avions été récupérés par Marthe, la femme de Christophe, qui nous amena chez elle. Elle habitait avec son mari dans la résidence du défunt Lukas Samalenge.

On apprit par la radio que Kaso Mboyi et mon père avaient été tués. Le journaliste encourageait la population à imiter la gendarmerie de la commune Kenya qui avait pris dans leur filet des espions kasaïens.

Ma mère était inconsolable. Marthe essayait tant bien que mal de la calmer. Elle lui proposa d'aller vérifier la nouvelle à la gendarmerie de la commune Kenya.

Elle en revint le soir avec une nouvelle en même temps triste et encourageante. Kaso Mboyi, le chauffeur, avait bel et bien été assassiné. Mon père était toujours gardé dans le cachot. Les gendarmes avaient, soi-disant, trouvé une arme dans son auto, ils enquêtaient pour en savoir plus.

Mon père ne reconnaissait pas être détenteur d'une arme de guerre. Il croyait que quelqu'un l'aurait glissée dans notre véhicule afin de l'inculper.

Marthe avait récupéré notre auto. Tout y était intact, à part le pare-brise qui s'était fracassé au moment de l'accident. Tous les vivres avaient disparu, y compris ma *mauser*.

Le corps de Kaso Mboyi a été récupéré et enterré. Derrière nous, Shambuyi, le cousin de mon père, ne fut pas épargné non plus! Il reçut de la visite le soir de notre fuite... Ses visiteurs nocturnes ne l'ont pas épargné.

Mon père regretta longtemps sa mort, il se disait que Shambuyi ne serait jamais mort si nous n'avions pas trouvé refuge chez lui. Il ne comprenait pas pourquoi les Katangais s'en prenaient aux kasaïens, véritables bâtisseurs du Katanga, eux qui n'avaient que deux objectifs: vivre en paix dans leur province d'accueil et s'occuper de l'éducation de leur progéniture.

Pourquoi cette haine gratuite? Se demandait-il?

Mon père était toujours au cachot à cause du mauser allemand trouvé dans son véhicule. Il continuait à croire qu'il s'agissait d'une fausse accusation.

Il avait tort, car je lui révèlerai plus tard que c'était moi qui avais mis le fusil dans le véhicule un jour où je jouais au soldat en guerre. Je l'y avais laissé, avec l'idée qu'un jour il pouvait nous sauver.

Où est-ce que tu avais trouvé cette arme, me demanda mon père?

Je lui rappelais l'histoire du gendarme qui avait bu au point d'oublier son arme dans notre bar.

Tu as du culot…

J'avais du culot, oui, mais en continuant la conversation avec mon père, il finit par reconnaître que mon geste nous avait sauvé la vie à plusieurs égards: si mon père n'avait pas été exécuté jusque-là, c'est parce que les gendarmes ont pris du temps pour enquêter sur l'arme, si l'arme avait été trouvée dans notre maison et non dans le véhicule, mon papa aurait été exécuté sur le champ comme le fut son chauffeur.

Nous devions fuir la cité minière pour aller nous cacher au Bel-Air dans une maison sise au quartier Bel- Air sur la chaussée de Kasenga.

Ce projet ne se réalisera pas, nous sommes restés chez les Samalenge pendant que mon père était toujours incarcéré.

Pendant ce temps, ma mère réussit à mettre mes aînés à l'abri. Elle les avait envoyés à Kinshasa chez sa sœur.

Un soir, alors que nous jouions à l'extérieur chez les Samalenge, j'avais vu réapparaître Prospère Kitambala. Alpho et moi étions contents de le revoir. Il nous avait apporté des bonbons.

Puis, il s'était retiré avec ma mère et Marthe. Ils avaient parlé pendant longtemps. Il y avait pleine lune et nous étions restés dehors à jouer jusqu'au départ de Prospère.

Quelques jours plus tard, Marthe vint annoncer une bonne nouvelle à ma mère. Elle lui dit qu'on avait cassé les portes du cachot de la gendarmerie de la commune Kenya et que tous les prisonniers étaient en fuite.

Ma mère m'apprit plus tard que c'est Prospère Kitambala qui était derrière le coup, il l'avait fait pour aider mon père à s'enfuir. Il s'était mêlé aux gardes de nuit et avait drogué toute l'équipe avec du café mélangé au somnifère.

Il avait camouflé mon père en tenue de gendarme et, à vélo, ils avaient pris le chemin des montagnes de Kanyaka chez Inoki.

Mon père vivra longtemps dans les montagnes… Il reviendra seulement au moment de l'armistice en 1963.

Ma mère ironisait et disait qu'Inoki lui avait trouvé une femme avec qui il aurait eu un enfant.

Nous avons quitté les Samalenge quand Modeste Kazadi était revenu du maquis. Nous étions rentrés à la Katuba, au Bar Kaseki.

Sa musique manquait à tout le quartier!

Mon père avait renouvelé son équipement de musique et la bière s'était remise à couler de nouveau.

Nous avions de nouveaux voisins, çà et là. C'étaient des Katangais qui avaient occupé, sans aucun titre de propriété, les maisons abandonnées par les Kasaïens en fuite ou morts. Nous, nous avions eu beaucoup de chance grâce à Prospère Kitambala qui avait veillé et entretenu notre maison.

Sylvano Kansela avait aussi récupéré sa maison, mais il n'y vécut pas longtemps!

Il tomba malade et fut hospitalisé. Il avait un problème des intestins. Il avait été opéré avec succès. Sa femme, Kalenga Fabiola, veillait à son chevet.

Elle avait négligé de demander l'avis du corps médical quand son mari lui réclamait de l'eau à boire le jour même de l'opération. Elle lui avait servi un gobelet plein et aussitôt bu, Sylvano s'était mis à tousser.

Le médecin était venu à sa rescousse, mais il ne put rien faire. Sylvano mourut en 1963 à l'Hôpital Sendwe de Lubumbashi…

C'était arrivé à peine que mon père fût revenu de son maquis. Il fit son deuil pendant beaucoup de jours.

Pour mon père, Sylvano était un ami loyal. Ils étaient souvent à deux depuis leurs retrouvailles à Lubumbashi. Mon père avait même donné son nom à un de mes petits frères. Il lui manquera pour toujours.

D'autres personnes, comme Prospère Kitambala et Christophe Samalenge, s'étaient également illustrées par leur confiance et leur amour indéfectible bien qu'ils ne fussent pas dans la vie quotidienne de mon père.

Je n'avais pas connu la femme de Prospère Kitambala ni ses enfants. Cependant, les Samalenge étaient entrés dans notre vie pour y rester.

Les enfants Samalenge étaient devenus des amis jusqu'à mon départ de Lubumbashi en 1982. Aux dernières nouvelles, j'ai appris que leur père a perdu une jambe dans un accident de circulation.

Page volontairement laissée vierge

CHAPITRE TROIS

Les Folies d'Enfance

L e retour de mon frère Louis Kambemba de Kinshasa me fit beaucoup de bien.

Les parents l'y avaient envoyé avec mon aîné Lucien pendant les périodes de troubles qui suivirent l'indépendance. Lucien était déjà bien intégré dans la capitale et ne voulait pas rentrer à Lubumbashi.

Je me préparais à commencer ma 6ᵉ année de l'élémentaire. Louis vint à au moment opportun pour combler le vide laissé par Virginie et Mujibos. Il fut une bénédiction pour moi, car il vint ajouter la dose de la débrouillardise à mes aptitudes intellectuelles.

Louis Kambemba avait pris le nom de mon grand-père maternel. C'était un très beau garçon en plus d'être surdoué. Il fut un aîné exceptionnel. Il était plus qu'un frère, un coach dans l'école de la vie.

Nous étions dans le quartier une dizaine de jeunes qui courrions derrière lui. On nous appelait d'ailleurs les disciples de Louis.

Il nous conduisait dans toutes sortes d'aventures, allant de la pêche à la chasse aux sauterelles. Nous péchions tous les weekends en période scolaire et tous les jours pendant les grandes vacances. Quand on ne pêchait pas dans la rivière Kafubu ou Lubumbashi, on s'adonnait à la chasse aux sauterelles. On mettait le feu à la brousse avant de nous positionner en aval pour cueillir les sauterelles.

Les yeux rougis et irrités par la fumée, nous courrions derrière les sauterelles, un bâton à la main, indifférents aux serpents et autres reptiles qui surgissaient çà et là.

Le soir, entre membres de famille et amis, nous mangions nos sauterelles grillées accompagnées de maïs.

L'une de plus belles prouesses c'était d'avoir attrapé un lapin. C'était la consécration de notre qualité de chasseur!

Nous étions si heureux que nos cris de joie résonnaient jusqu'à la cité. Ah, oui! On était jeunes et l'on était heureux.

Contrairement à la chasse aux sauterelles, les parties de pêche n'étaient pas sans danger. Si nos parents avaient su que nous nous adonnions à cette activité, ils ne nous auraient jamais laissés aller à la rivière!

Nous prenions d'énormes risques, surtout que personne d'entre nous ne savait nager. Nous avions en plus l'audace, ou l'inconscience, de nous jeter dans le lit de la rivière Kafubu alors qu'elle était infestée de crocodiles.

Les parties de la pêche étaient un plaisir indescriptible. Il n'y avait pas plus agréable plaisir que de sortir un poisson de l'eau calme du soir… La ligne se balançait et toute la canne à pêche vibrait intensément quand il s'agissait d'un gros poisson. Je peux encore ressentir aujourd'hui au bout de ma ligne imaginaire les vibrations d'un fidu qui sort à travers les papyrus.

Nous ne ressentions pas les piqures des moustiques. Nous pêchions jusqu'à la nuit tombée. Nos gibecières étaient toujours remplies de poissons de toutes sortes: les fidus, dikoki, mulongue, nsala, nkamba nyoka et j'en passe.

Louis n'était pas encore un adolescent, mais les parents lui faisaient tout de même confiance. Il nous faisait traverser la rivière par des passerelles pourries et glissantes.

La Kafubu, comme la rivière Lubumbashi, étaient pourtant infestées de crocodiles. Nos parents le savaient fort bien. Pour prendre le fidu, il fallait s'avancer dans l'eau profonde et lancer sa ligne très loin au milieu des papyrus. Et quand l'hameçon s'accrochait à une tige de papyrus, on devait s'enfoncer dans l'eau pour le libérer.

Il nous arrivait également de nous amuser avec les redoutables crocodiles de la rivière Kafubu… Les jours où l'on terminait la partie de la pêche à temps, nous nous jetions dans le lit profond de la rivière, là où les crocodiles étaient plus habiles.

Nous connaissions toutes leurs stratégies. On avait des indices de les percevoir de loin.

Ils pointaient le nez sur la surface de l'eau en avançant... Lorsqu'ils approchaient pour nous attaquer, ils plongeaient complètement dans l'eau. Et nous sortions précipitamment de la rivière!

Ce jeu de cache-cache pouvait durer et jamais les crocodiles n'avaient mordu un disciple de Louis! Avec recul, je me demande si Louis, notre Socrate, était conscient du risque qu'il courait avec ses disciples.

La chasse aux oiseaux était une autre activité enivrante à laquelle nous nous adonnions. Nous les piégions avec de la colle (budimbo). Ils se débattaient dans le creux de nos mains, refusant de mourir. Nous les emprisonnions en captivité sans les étouffer. Nous devions dans un premier temps jouer avec eux, le plus longtemps possible, avant de les manger.

Mon frère tenait un calendrier de nos aventures. Nous avions également un temps pour jouer au football. Il était le frasi, c'est-à-dire le propriétaire de terrain de football.

Louis n'avait pas une équipe de football à lui- même et ne jouait pas. Sa tâche se limitait à organiser des compétitions de football sur son terrain. Je jouais dans l'équipe d'un des amis de Louis.

Je jouais à la défense et j'étais connu sous le sobriquet de Albert Mukaba (ceinture) parce que j'étais efficace comme un barrage. Je renvoyais les balles de l'équipe adverse avec adresse.

Mon équipe encaissait très peu de buts grâce à ma dextérité. Je me souviens encore d'un certain Mbuyi Mwana, surnommé Douze. Le garçon était talentueux. Il volait avec la balle aux pieds comme un aigle.

Toutes les équipes qui affrontaient la sienne suaient à cause de ce garçon. Il ridiculisait les défenseurs et faisait le malheur des gardiens des buts. Il avait une fois osé me lober pour m'humilier. Je l'avais ramassé avec un tackle et il n'osait plus s'approcher de moi. Nous n'avions pas encaissé de but à ce match-là.

Nous jouions aussi à la guerre, aux billes et à la musique. Nous fabriquions nous-mêmes nos armes et nos guitares. Le plus populaire était le banjo. J'avais mon propre orchestre. Je jouais d'une corde sur le banjo. Je jouais également à la guitare basse.

Les parties de guerre pouvaient être sanglantes. On récupérait les U des fils barbelés qui servaient de clôture et on les lançait à la catapulte.

Je me sens encore coupable pour avoir abîmé l'œil d'un petit ami blanc. Quand je pense au tort que je lui ai causé, je pleure encore. Il vit borgne toute sa vie à cause d'une bêtise d'enfance.

J'avais gâché une vie au nom d'un jeu… L'enfance a malheureusement une part d'imbécilité que je ne me pardonne pas. Quand je pense à ce jeune garçon borgne, je me hais moi-même. Je ne cesse de voir son visage dans tous les enfants à qui j'enseigne aujourd'hui. J'essaie de réparer ma culpabilité en les traitant avec beaucoup d'humanisme. C'est ma façon de demander pardon pour une faute commise pendant mon enfance.

Souvent, nous rentrions à la maison la nuit tombante, couverts de poussière, et nous mangions toujours tard. Personne d'entre nous n'osait prendre un bain.

En période de grandes vacances, se laver était le cadet de nos soucis. Il fallait toujours une intervention parentale musclée pour nous barbouiller. Seule la pluie ne nous laissait pas de choix. Ah! Le beau temps de l'insouciance faisait de la vie un jeu. La réussite scolaire était un incident de parcours. Les amis comptaient plus que les parents. On croyait en eux…

Le leadership de Louis était incontestable. Socrate était notre pilier. Louis pouvait aussi être sadique ou moqueur! Il était celui qui donnait des surnoms à tout le monde.

Il en avait même pour lui-même! Il se faisait appeler Mbunda Katshayi, intelligent comme un blanc. Il était aussi Kabin, Tailleur Pop, Mayiste et j'en passe.

Nous avions tous des surnoms… Lucien était Spaghetti, parce qu'il était mince comme un spaghetti. Sa femme s'appelait Mme Yamilayi, un personnage des aventures de Tintin.

Mon cousin Kazadi s'appelait Yousoumpofou à cause de son gros nez. Kazadi avait tout fait pour se défaire de son sobriquet sans succès. Nos oncles paternels avaient aussi des pseudonymes…

Albert s'appelait Edopte et Nyengele était surnommé Armando. Louis m'avait surnommé Mecquois, un personnage sombre de Coke en Stock de Hergé.

Louis tirait ces noms de ses lectures. Il avait de l'avance sur les jeunes de sa génération. Il fut un génie que malheureusement les parents ne savaient pas encadrer. Esprit alerte, à peine âgé de 16 ans, Louis avait déjà une fiancée qui le rendit père à 17 ans!

Il devait nourrir sa famille; par conséquent il ne pouvait pas poursuivre ses études. Il se versa dans la contrebande du sucre à la frontière Congo-Zambie. Il eut beaucoup d'argent qui lui permit d'ouvrir un point de commerce. Il installa un atelier de couture dans son magasin et connut un grand succès.

Plus tard, un de ses amis lui offrit un emploi dans une compagnie pétrolière. Il eut beaucoup d'argent. Il se promenait avec un carton rempli de billets de banque. Il se faisait appeler Magnat au carton. Il fut si populaire dans les milieux des femmes qu'il finit par renvoyer sa première femme pour en épouser une très grande fille qu'il surnomma Tshikaflex.

Du jour au lendemain, il se retrouva polygame! On comptait également dans sa collection, des femmes mariées, dont certaines qui fréquentaient notre mère.

Nonobstant tous ses égarements de la jeunesse, l'amitié de Louis a été déterminante dans ma vie. Il m'encourageait à étudier et m'habillait. Il avait un cœur à donner.

Je remercie le ciel de me l'avoir donné comme frère et ami d'enfance. Je suis par ailleurs persuadé que s'il était né du temps de mon père dans son village, Louis serait inévitablement un rempart certain pour le chef Kaseki. Il aurait succédé à mon père comme égorgeur du roi. Il était très beau et c'était la première exigence pour être égorgeur du roi.

CHAPITRE QUATRE

Mon Père

En 1975, mon père souffrait d'une maladie cardio-vasculaire. Il était hospitalisé depuis une vingtaine de jours et sa situation ne faisait que s'empirer.

Ma mère était à ses côtés pour lui apporter les soins nécessaires.

Toute la famille défilait à l'hôpital à tour de rôle, sauf moi.

Ma mère me suppliait d'essayer d'oublier ce qui se passait à l'hôpital parce que j'avais besoin d'une certaine sérénité pour aborder les examens de fin de cycle secondaire.

Les examens étaient organisés au niveau du ministère de l'Éducation. La correction des copies se faisait par des enseignants rigoureusement sélectionnés et la marge de fraude était inexistante.

Les résultats pouvaient de temps en temps surprendre: je ne sais pas s'il y avait une part de chance dans la réussite, mais des élèves brillants pouvaient aussi échouer.

J'avais travaillé dur pour décrocher mon diplôme et apporter à mon père un trophée. Je voulais lui démontrer que ses garçons n'étaient pas de bons à rien. Je demandais à Dieu de lui accorder encore du temps pour lui permettre de toucher de ses mains un diplôme d'État décroché par l'un de ses fils.

Les examens passés, je partis enfin visiter Modeste Kazadi. C'était un vendredi du mois d'août 1975. Les signes cliniques ne présageaient rien de bon.

Il avait néanmoins réuni tous ses efforts pour me demander quand nous serions proclamés.

« Les résultats sortiront dans pas longtemps, lui répondis-je; vous pouvez être tranquille, papa, j'aurai mon diplôme. »

En lui parlant, je faisais de mon mieux pour ne pas pleurer devant lui. Je n'avais qu'un espoir: réussir et rendre fier mon père.

Je l'aimais tellement que j'avais de la peine à le voir souffrir. Les résultats furent annoncés dans les journaux et à la radio. J'avais réussi brillamment.

Devais-je courir à l'hôpital annoncer la bonne nouvelle à mon père? Ce n'était pas nécessaire, la nouvelle de ma réussite avait couru plus vite que moi. J'étais fou de joie.

Des amis sont venus chez moi, et nous avons commencé la fête. La bière à laquelle je n'étais pas habitué avait coulé à flots. Bien que je sois né dans une maison de commerce de bière, je n'avais jamais trempé mes lèvres dans un verre d'alcool!

Ce jour-là, je m'efforçais de boire et de m'enivrer. Un seul verre de bière fut suffisant pour que je me mette à vomir comme mon ami Zacharie.

J'ai dormi et la fête a continué sans moi. Le lendemain matin, j'éprouvais encore du vertige et de la nausée.

Ce jour-là, j'ai juré de ne plus jamais recommencer. Malgré mon malaise je savais ce que je devais faire en premier: courir à l'hôpital, redonner à mon père une raison de renaître et de croire en l'avenir. Je voulais aussi lui dire que sa décision d'avoir quitté sa terre natale n'était pas vaine.

Au moment où je fis mon entrée dans sa chambre, il était assis sur son lit, en train de prendre de la bouillie de céréale.

Il releva nonchalamment la tête et me sourit:

Albert! C'est toi?

Oui, Papa!

Viens!

Je veux t'embrasser.

Je m'approchai de lui, il me prit dans ses bras.

Il pleura de joie.

Il était déjà mis au courant de ma réussite.

La bonne nouvelle avait couru plus vite que moi. J'ai vu dans les yeux de mon père une lumière étincelante. J'étais rassuré, je me suis dit que mon père avait un nouveau souffle, une énergie qui allait lui permettre de quitter l'hôpital.

Je crois que Modeste Kazadi s'était souvenu de la prophétie de Albert Kalonji et de paroles de Nampundu, la commère qui avait prédit que je serais ingénieur.

Quelques jours plus tard, Modeste revenait à la maison. Il était faible, il ne pouvait pas reprendre ses activités. En pareilles circonstances, la famille ne pouvait pas fêter mon diplôme, moi non-plus.

Je me fixai un autre cap: la fin de mes études universitaires. Modeste Kazadi, mon père, revint à la maison en juillet 1975, après un mois d'hospitalisation. Comme il était encore convalescent, je décidai de l'aider dans ses travaux en attendant la rentrée académique.

De temps en temps, quand il me rejoignait au comptoir de son bar, il me racontait son histoire. J'en conclus que mon père, en dépit des errements de jeunesse, faisait vraiment partie de bâtisseurs de la province du Katanga.

Pendant sa jeunesse, Modeste Kazadi n'avait à aucun moment pensé quitter Kaseki, son village natal, son paradis. Il a toujours regretté de ne plus jamais revoir ses puits d'eau et ses palmiers dattiers. Il regrettait de ne pas pouvoir humer le parfum de la broussaille où il allait piéger les rats géants.

Kaseki était la source de son arbre généalogique. Le petit lopin de terre à la forme d'un écureuil était son monde. Le jeune Modeste Kazadi y était né et y avait passé son enfance.

Pour lui, un autre monde, plus beau que son patelin, n'existait pas. Son père, Mutombo Menda, avait une grande cour parsemée des palmiers sur lequel se déambulaient son bétail. Quelquefois, des singes s'en approchaient ramasser les noix de palme tombées à terre.

C'est dans cette ambiance d'amour avec la nature que mon père grandissait. Son enfance fut remplie des moments de joie inoubliables. La case de son père Mutombo Menda était située dans la cour du chef Kaseki. Bâtie sur environ quatre mètres carrés, elle était assez large pour que membres de famille et visiteurs y trouvent de la place.

Mutombo Menda était l'égorgeur du chef Kaseki. Il s'occupait des animaux à sacrifier lors de cérémonies solennelles. À ce titre il était dans une certaine mesure le centre de gravité du village.

Les chasseurs débarquaient chez lui tous les jours. Ils amenaient du gibier pour le chef et lui, Mutombo Menda, devait dépecer les animaux et redistribuer la viande aux nombreuses femmes du chef Kaseki.

Modeste n'était pas l'aîné de tous les enfants. Mutombo Menda était polygame.

Avec sa première femme, il avait déjà eu deux enfants (Anastas Kaboza et Mbwebwe Grégoire).

Anastas n'avait pas laissé d'enfant, car il était décédé prématurément. La mère biologique de Modeste Kazadi, deuxième femme de Mutombo Menda, s'appelait Kabole. Elle était mère de Casimir Mutombo, Modeste Kazadi, Armando Nyengele et Alphonsine Masangu.

Après le décès de Mutombo Menda, Kabole eut deux autres enfants de son second mariage, Donatien Mwamba et Kabishi.

La troisième femme de Mutombo Menda s'appelait Ngoya. Il eut d'elle deux enfants, Albert Kahompa et Ndaya.

Modeste Kazadi avait 10 ans quand son père était décédé. Il était invité à une cérémonie d'intronisation du chef coutumier de Ngandajika. En sa qualité d'égorgeur de roi, il ne manquait pas à de grands événements.

Les indigènes de Ngandajika avaient joué au tam-tam jusque tard dans la nuit. Le grand troubadour Mwamba Mampinda y était aussi avec son accordéon.

Les tapages nocturnes étaient tellement forts que la police dut intervenir. Sous l'effet de l'alcool, les fêtards mirent la main sur la police. Au petit matin, une fois calmés, les fêtards se rendirent compte qu'ils étaient en prison, sur instigation de l'administrateur du territoire.

Mutombo Menda n'avait pas échappé à ce sort. Il contractera la maladie du sommeil dans la prison de Ngandajika. Il mourut en 1934, laissant derrière lui trois femmes et de nombreux enfants en bas âge.

Mon père, Modeste Kazadi, succéda à son père comme égorgeur du bétail du roi Kaseki.

Un égorgeur, la personne qui devrait immoler les bêtes dans la cour royale était appelée à remplir des conditions bien définies et Modeste Kazadi les remplissait.

Le roi sera content de ses services. En 1943, alors que Modeste avait 19 ans, le chef régnant mourut.

Son successeur devrait être une personne du clan régnant, le Bena Kaseki bena Tshibondu Bondu.

Le chef du district de Ngandajika lui préféra quelqu'un qui n'était pas de la lignée royale, un certain Kabangu, enseignant à Ngandajika.

Kabangu était, certes, Mwena Kaseki, mais n'avait pas le droit de monter sur le trône de Bena Kaseki. Les ntita, notables de la cour, refusèrent de l'introniser. Le chef de district envoya des policiers pour les discipliner. Les notables furent fouettés et enfermés au cachot. Kabangu devint roi malgré tout. Il chercha à régner par la force.

C'est dans ces circonstances-là que Modeste Kazadi avait quitté la cour du roi. Il se voyait mal égorger le bétail pour un despote. Il ne pouvait pas tolérer que ses coutumes et ses traditions ancestrales soient profanées par un roitelet intronisé par une autorité coloniale.

Modeste Kazadi quitta donc Kaseki, son village natal. La décision ne fut pas facile à prendre, mais le murmure d'une voix qu'il était le seul à capter ne cessait de lui répéter ce message:

« Écoute! Modeste Kazadi! Jette-toi dans le train, laisse-toi aller le long de la voie ferrée; un sentier mène toujours à quelques endroits habités. Si tu n'as pas trouvé des choses agréables ici, tu trouveras des choses nouvelles là-bas. Vas-y, recommande-toi à Maweja ton Dieu. Pars! »

Modeste Kazadi vendit toute sa basse-cour. Il réunit l'argent nécessaire pour acheter un ticket de train. Les larmes dans les yeux, il enferma ses reliques dans une vieille caisse; sous l'œil attendri de sa mère et de ses frères, il quitta le village les larmes dans les yeux.

Au Katanga où il allait, il espérait retrouver son ami d'enfance, Sylvano Kansela, parti lui aussi plus tôt de Kaseki.

Modeste Kazadi rêvait de fonder une famille, de donner aux enfants qu'il aurait une éducation enrichie par la culture du colonisateur. Ses enfants parleraient la langue française, ce serait sa revanche sur sa formation qui fut coiffée par un petit certificat de fin d'études primaires faites en tshiluba, sa langue locale.

Il savait que son certificat ne lui servirait pas pour sa réussite au Katanga. Tout son potentiel était sa tête bien faite.

En s'en allant, Modeste Kazadi savait que la vie dans les grandes villes était enivrante. Il avait appris que nombre des jeunes qui partaient au Katanga ne faisaient rien d'autre qu'habiller et déshabiller les femmes. Mais lui, il partait en homme averti.

Modeste Kazadi avait juste le nécessaire vital comme bagage: quelques vêtements, une paire de chaussures, un djembé et une petite mallette contenant des couteaux d'égorgeur légués depuis ses arrière-grands-parents.

Ces reliques représentaient pour lui l'ADN de son clan, celui de Bena Kaseki bakwa tshisau bena Mukeba. C'était son clan qui donnait les égorgeurs aux différents chefs des Bena Kaseki.

Modeste Kazadi était bien conscient du vide qu'il laissait derrière lui en quittant le village... Il savait bien que la cour du roi restait sans vie. L'égorgeur était en quelque sorte le sel du village.

C'était l'homme qui donnait de la saveur à la viande de chèvre et à la chair de poule. Les indigènes de Kaseki auraient de la peine à accepter la nouvelle. Leurs djembés resteraient muets et donc le village sans vie. Kaseki ne connaîtrait plus des nuits enchantées pendant lesquelles les femmes se déhanchent aux sons rythmés des djembés.

En partant, Modeste amenait avec lui toutes les jouissances et les fêtes qui avaient depuis les nuits de temps fait du coin un centre d'intérêt.

Modeste Kazadi avait marché jusqu'à Ngandajika où il était arrivé la nuit. Il fut accueilli par Louis Kambemba, qui était en ce temps-là le juge principal de Ngandajika.

Louis Kambemba était un monsieur élancé et élégant. Il avoisinait la quarantaine. Il était ce genre d'hommes instruits qui imposent du respect aux interlocuteurs. Il connaissait Mutombo Menda, le père de Modeste.

Mutombo lui avait offert ses services d'égorgeur au moment du baptême de ses enfants.

Louis attendit Modeste à la station des camions MAS (Messagerie de

Sankuru). Il reconnut son visiteur, tellement il ressemblait à son père!

Modeste Kazadi reconnut Louis Kambemba par la description qu'on lui avait faite: un homme chic, revêtu d'un bon tailleur même pendant les heures tardives de la nuit, chapeau de feutre et canne à la main.

La pipe ne quittait ses lèvres qu'au lit. Louis était très ravi de recevoir chez lui le fils de Mutombo Menda. Son épouse, Louise Ntumba, une belle petite dame brune et énergique, offrit à Modeste à manger et lui indiqua où il allait dormir.

CHAPITRE CINQ

Si Je T'oublie, Kaseki

Modeste Kazadi avait planifié de reprendre la route le lendemain de son arrivée, mais Louise le supplia de rester encore quelques jours avec eux.

C'était la tradition chez les Baluba de ne pas lâcher un visiteur à sa première demande. Un accueil est chaleureux quand l'on retient le plus longtemps possible son hôte.

Le matin venu, Marie Mutoba, la fille aînée de la famille apprêta la petite salle de bain derrière l'énorme case.

Elle avait environ 13 ans et était l'aînée de 3 filles et 2 garçons.

Marie était très curieuse et voulait voir le visiteur qu'attendait son père. Elle avait entendu son père brosser un beau tableau du visiteur et s'était promis de le voir.

Ses atermoiements auprès de sa mère ne servirent à rien: l'homme traînait à venir, elle devait aller dormir.

La jeune fille était d'une beauté insolite. Quand Modeste l'avait vue, il avait tout de suite accepté de prolonger son séjour dans sa famille.

Le chagrin d'avoir quitté Kaseki s'était dissipé à la vue de cette créature qui était pour lui un trésor inattendu.

Après avoir pris son bain, le jeune Modeste Kazadi enfila son tshampa blanc (safari). Tous les enfants de la maison virent le saluer à tour de rôle.

Quand vint le tour de Marie Mutoba, un courant de l'ordre d'un coup de foudre les traversa tous les deux. De sa jeune existence, Marie ne s'était jamais approchée d'un homme adulte autre que ses membres de famille...

Son regard croisa celui du jeune homme et il se passa quelque chose qui lui donna du vertige.

De son côté, Modeste Kazadi avait reçu un choc qu'il ne pouvait pas dissimuler.

Un jour avant de poursuivre son voyage, Modeste prit son courage et s'approcha de Marie qui revenait de la rivière où elle avait été puiser de l'eau pour la famille.

Elle attendait de l'aide pour descendre son seau d'eau de la tête. Elle avait la poitrine mouillée de l'eau qui s'échappait du seau. Modeste Kazadi pouvait percevoir la rondeur de ses seins fermes et ronds de la grosseur des oranges.

L'envie lui prit de l'embrasser sur la bouche. « Quelle méchante idée», se dit-il. Il s'approcha d'elle et descendit le seau. Ils restèrent tous les deux figés comme des statues.

Modeste brisa le silence: « Marie, je pars demain de bonne heure. Accepterais-tu qu'un jour je revienne te chercher pour t'amener où je vais? Je t'aime. J'aimerais que toi et moi on fonde notre famille ».

Louise suivait la conversation. Elle feignait d'être absorbée par les travaux ménagers, cependant, ses oreilles attendaient la réponse de sa fille. Elle attendit interminablement la réplique de sa fille, incapable de dire quoi que ce soit.

Le regard fixé sur le plancher, muette comme une carpe, Marie était incapable de répondre. Modeste vit juste les larmes qui coulaient de ses yeux.

Puis, elle se blottit dans les bras du jeune homme. Ils pleurèrent tous les deux.

Ils furent séparés par un fracas d'une antilope qui fit une entrée subite dans la cuisine.

Deux hyènes surgirent à ses trousses. Modeste Kazadi ramassa la canne de Louis qui traînait sur la table. Il assène d'un coup une hyène et lui casse la patte arrière. Il essaie de neutraliser la deuxième hyène qui le contourne et retrouve la porte de sortie et s'enfuit.

Modeste Kazadi revient sur l'animal garroté et l'achève à coups de la canne qui finit par se briser.

L'antilope, haletante, n'essaya pas de sortir de dessous la table de la cuisine où elle avait trouvé refuge.

La foule des badauds n'avait pas tardé d'occuper la parcelle de Louis. Tout le monde voulait voir l'intrépide jeune homme qui a achevé une hyène.

Des commentaires fusaient de partout. On se demandait aussi ce qu'il faisait dans la maison du juge principal de Ngandajika.

Modeste Kazadi dormit cette nuit-là avec des sentiments nuancés. Devrait-il rêver de Marie ou de l'incident causé par les deux hyènes? Il avait également commis un dégât en brisant la canne du juge. Il se consolait néanmoins d'avoir offert une antilope à la famille.

Il avait ligoté l'antilope qu'on garda dans la cuisine. Quand Louis revint à la maison, c'était juste pour constater l'exploit de son hôte. Il ne lui demanda pas d'égorger l'antilope pour la famille, car il savait que Modeste Kazadi partait le matin de bonne heure pour le Katanga. Il avait déjà son titre de voyage et il ne pouvait pas reporter son voyage.

Louis Kambemba lui trouva une place dans la cabine d'un camion MAS à destination de Luputa. Il lui fit également une note pour le recommander à son frère Joseph Kalala, un mulami (berger) de l'église catholique de la place.

L'arrière du camion était rempli de balles de coton et d'autres voyageurs. Il démarra sous les yeux de Louis. Il roula toute la journée sur un trajet de 65 km. Au crépuscule, le camion fit son entrée dans la gare de Luputa.

Luputa était la principale gare du chemin de fer dans le Kasaï oriental. Elle était calme et séduisante. Une petite chorale des grillons l'animait, car elle venait de recevoir sa première pluie. La brise soufflait sur les feuilles d'arbres oubliées par la saison sèche.

Dans le ciel, des nuages de moineaux dansaient au son de leur accordéon. Puis, un mastodonte noir fumant fit retentir sa trompe. C'était une locomotive à vapeur.

Les entrailles du jeune voyageur bouillonnaient à son passage sur la voie du quai. Il n'avait jamais vu une locomotive... Il réalisa que c'était elle qui le conduirait au Katanga. Il alla s'établir sur une banquette du quai pour mieux l'admirer.

Comme la nuit s'approchait, il décida d'aller chercher Joseph Kalala, le frère de Louis Kambemba. Une pensée continuait à troubler son esprit. Il se reprochait du fait d'avoir laissé Kaseki sans un autre égorgeur. Il se sentait coupable de trahison. Il avait fui sa patrie...

Modeste Kazadi essayait de se consoler en monologuant:

Écoute-moi la terre de mes aïeux.
Si jamais je t'oublie Kaseki
Que ma langue s'attache à mon palais
Si je ne me souviens pas de toi, Kaseki
Que les Cieux me privent de la liberté
Tu es en moi et tu resteras en moi
Je porterai ton nom et tu vivras en moi

Un voyageur qui passait devant lui vit sa détresse. Il s'approcha et lui demanda si tout allait bien. Modeste lui répondit en sanglot: Il n'y a rien! Je sens seulement de la nostalgie. J'ai quitté mon village.

L'homme se mit à l'encourager: Mon ami, tu dois savoir que dans la vie, on ne fait que partir. Les uns s'en vont loin de leurs amants, comme moi, les autres quittent leurs parents à la recherche d'une vie meilleure. La nostalgie est juste une ombre fugitive qui embarrasse tout homme pour un instant, puis se dissipe. Courage! On est dans le même bateau.

Merci pour ton réconfort, lui dit-il!

Modeste Kazadi somnola sur le quai jusque tard, comme un matelot qui a raté le bateau. Ivre de chagrin.

La fraicheur de la nuit entrante et les moustiques le pressaient de s'en aller rapidement chercher Joseph Kalala. Il descendit dans la cité et s'avança dans l'obscurité vers le réservoir d'eau de la Regideso dont la rotonde était visible grâce à une demi-lune. La Regideso était le point de repère de la demeure de Joseph. Traînant avec lui sa petite valise et son djembé, il se renseigna et on lui pointa la maison qu'il recherchait.

Joseph grillait du maïs devant son habitation sous une lampe à huile. Il leva les yeux quand Modeste se présenta à lui. Il prit la note de son frère que le jeune homme lui tendait et l'ouvrit. Modeste se présenta:

Je suis Modeste Kazadi Tshakatumba, fils de Mutombo Menda de Kaseki. Je viens de Ngandajika de la part de ton frère Louis Kambemba.

Joseph lit la note à la lueur de sa lampe, puis lui souhaita la bienvenue: Considère-toi comme chez toi, mon fils.

Joseph approcha son visiteur dans sa maison. La belle bâtisse était éclairée aux lampes à huile. Joseph lui fit un repas et promit de l'aider à payer son billet de voyage le matin.

Joseph était différent de son frère. Il était célibataire et un peu brouillon. Bien futé sur ses pieds, le mulami était juste un cultivateur. Il possédait un très grand champ dans lequel il avait planté du maïs et du manioc.

Il aidait également à l'église le dimanche en absence du père blanc. Souvent absent de chez lui, il avait également la tâche de distribuer les grains de maïs aux indigènes.

Joseph avait la réputation d'être un homme pieux, toujours prêt à donner son temps aux autres. Il connaissait aussi Mutombo Menda.

Il était très ému quand il raconta à Modeste les conditions de son emprisonnement. Il encouragea Modeste et lui souhaita bonne chance au Katanga. Il lui conseilla de marcher sur les traces de son père:

Écoute, Modeste! Il semble que tu as demandé la main de ma nièce Marie à mon frère. Ne prends pas cet engagement à la légère.

Joseph était également un bon parleur qui aimait raconter des anecdotes de sagesse.

Le jour venu, Modeste prit son train vers l'eldorado Katangais. Son titre de voyage était de Luputa à Kamina, car il n'avait pas suffisamment d'argent pour aller jusqu'à Élisabethville.

Une fois dans sa cabine, au sommier de la banquette, il avait suspendu son djembe.

C'était comme s'il rêvait

Il s'était assis et il pleurait, en se souvenant de Kaseki…

Là, le chef train passa contrôler les tickets.

Il lui demandait de lui jouer un kasala de chez lui.

Modeste dit, le cœur rempli d'amertume:

Comment chanterai-je un kasala dans le train.

C'est la première fois que je prends le train.

Je vais vers une terre inconnue.

Le chef train demanda: mais, tu vas où?
Je ne sais pas... Je vais là où le rail m'amène.
Puis, il se ressaisit et se dit:
Si je t'oublie Kaseki
Que mes ancêtres m'oublient
Que ma langue s'attache à mon palais
Si je ne me souviens pas de toi
Si je ne fais pas de toi mon principal sujet de ma joie
Il leva les yeux et pria
Éternel, souviens-toi des enfants de Kaseki.
Il se couvrit la tête et pleura jusqu'à l'assoupissement.

Modeste Kazadi fut réveillé par le sifflet du chef train qui invitait tous les voyageurs à destination de Kamina à descendre.

C'était un lundi soir au mois de juin 1944. Il est descendu et s'est dirigé vers un bâtiment sur lequel il était marqué « consigne Voyageurs ».

Une surprise désagréable l'y attendait: son ami Sylvano Kansela, responsable du bureau de vente des tickets, n'y était plus. On lui apprit qu'il avait été muté à Élisabethville.

L'agent du chemin de fer qui lui répondait ne leva même pas les yeux pour le regarder. Il s'affairait aux colis qu'il venait de récupérer du train. Modeste resta muet un moment. Il contempla longuement le facteur. Tout l'espoir s'était envolé. Il ne savait pas où aller, lui qui comptait sur Sylvano pour son installation au Katanga.

Puis, un autre facteur habillé en salopette de la BCK arriva avec un diable chargé de gros colis récupérés du train. Voyant l'inquiétude de Modeste, il lui demanda:

Monsieur, qu'est-ce que je peux faire pour vous?
Je cherchais Sylvano Kansela, mais on me dit qu'il ne travaille plus ici.
Évidemment, dit-il, il a été transféré au Bureau de Contrôle à Élisabethville.
Je suis désolé.
Mais je vois que vous êtes descendu du train... Attendez que je termine mon job, je vais m'occuper de vous.

Modeste se calma. Il n'avait pas d'autre choix. Il alla s'assoir sur la banquette du quai jusqu'à ce que le facteur revînt à lui.

Je m'appelle Gustave Nsega, lui dit-il, et vous?
Moi, je m'appelle Modeste Kazadi.
Comment je peux vous aider?

Je viens de Ngandajika, je comptais sur Sylvano pour mon installation dans cette province. Je ne sais quoi faire maintenant.
Gustave Nsenga habitait derrière la gare de triage au camp des travailleurs. Il conduisit Modeste chez lui. Chemin faisant, en bavardant, ils se rendirent compte qu'ils venaient tous deux du même village. Ils étaient tous de Bena Kaseki, bakwa Tshisau, bena Mukeba.

Gustave était plus âgé que Modeste, il connaissait bien l'histoire du clan. Modeste découvrit même qu'il était le petit-fils du patriarche Mbuyi Kapaya, donc son très proche parent.

Gustave n'avait pas beaucoup vécu à Kaseki. Son père travaillait pour le compte de Cotonco, une usine de raffinage du coton, à Ngandajika. Ce qui fait qu'ils ne se connaissaient pas dans le village. Comme tous les jeunes gens candidats à l'exode rural, Gustave avait aussi voyagé seul à la recherche d'un paradis. Il avait trouvé un emploi au chemin de fer à Kamina et il était en train d'économiser son argent pour faire venir sa femme et son fils restés à Ngandajika chez ses parents.

Entre-temps, son petit lit métallique de célibataire ne chômait pas. Il ramenait chez lui de petites femmes qu'il ramassait dans la gare après le départ des trains.
Les nuits, Modeste pouvait nettement entendre toutes leurs indiscrétions.
Ce jour-là, comme Gustave travaillait l'après-midi, il profita de l'avant-midi pour promener Modeste dans le camp des travailleurs. Il le présentait à ses voisins et collègues de travail.

Modeste apprit des chapitres que son père n'avait pas eu le temps de lui raconter. Il en apprit beaucoup sur l'origine de leur clan:

« Leur ancêtre commun s'appelait Kabangu Mutombo wa Kapula, il était le frère de Katenda.

Les deux frères avaient quitté Mulopo Kasongo, ils avaient traversé la rivière Luembe à la recherche d'une vie meilleure. Arrivés chez le chef Lulenga, ils ont été bien accueillis.

Le chef avait une fille du nom de Ngamala. Kabangu tomba amoureux de cette fille et demanda sa main. Le temps de retourner d'où il était venu pour aller chercher la dot, il demanda à son frère Katenda de veiller sur sa fiancée.

A l'époque, il n'y avait pas de route, le chemin était pénible. Kabangu mit du temps à revenir.

Quelle ne fut sa déception lorsqu'à son retour, il trouva enceinte la femme pour laquelle il s'était donné tant de peine. Elle était enceinte de son frère Katenda!

Se sentant trahi, Kabangu se mit en colère, il déclara qu'il était désormais le chien méchant qui ne rit avec personne (mbwa **kaseki** ni muntu).

Il partit fonder le village de Kaseki. Katenda ira lui aussi chez les bakwa Mulumba. L'enfant qui naîtra mourra de noyade plus tard. Katenda retournera chez Lulenga. Malgré sa colère, Kabangu viendra quand même au deuil et ils se réconcilieront.

Avec les années, Katenda mit au monde un enfant du nom de **Kalambayi**. Travailleur assidu, celui-ci devint un homme important.

Les autres chefferies trouvèrent qu'il était celui qui pouvait les représenter. C'est ainsi que sa famille devint importante et que finalement on parle de **Bena Kalambayi**. C'est aussi pour cela qu'on dit que les bena Kaseki et les bena Kalambayi sont les descendants de deux frères.

Le village s'était agrandi et s'était organisé politiquement au fil du temps. Il y eut des notables appelés ntita qui donnèrent à leur chef un intendant de la cour. C'était à lui d'approvisionner la cour du roi, de goûter ses aliments et d'égorger du bétail pour lui.

Le clan, cifuku de Kaseki eut, comme les autres clans des Baluba, des lignages, biota.

Les Bena Kaseki sont subdivisés en douze biota: les bena Kalunda, bena Tshibondu Bondu, bena Kalala, bena Kabamba, bena Nyembua, bena Mukadi, bena Mbaya, bena Kalula, bena Nsalanga, bena Shabanza, bena Ntita et bakwa Tshisaü.

Le père de Gustave et Mutombo Menda, le père de Modeste Kazadi, était de Bena Kaseki bakwa Tshisaü bena Mukeba. »

Pendant qu'ils échangeaient, Gustave Nsenga ne savait pas que Modeste Kazadi, à qui il parlait, était devenu l'égorgeur du roi, après le décès de son père Mutombo Menda.

Modeste lui expliqua les raisons de son abdication.

« Tu as bien fait de partir, lui répondit Gustave, tu n'allais tout de même pas continuer à mener une vie de charognard, couvert de sang comme un criminel, pendant toute ta vie. Le monde se civilise et nous devons emboîter les pas. »

Mais tu ne m'as pas dit qui t'a remplacé, demanda Gustave.
Personne ne m'a remplacé.
Tu sais bien que normalement il y a une remise-reprise entre un égorgeur sortant et celui qui vient prendre sa place. Mais moi je ne me suis pas préoccupé de la question; je ne sais pas ce qu'ils vont faire. Peut-être qu'ils iront chercher mon frère Greg pour me remplacer?

Gustave demanda à Modeste s'il pouvait l'accompagner jusqu'à la gare. Ils partirent ensemble.

Au retour, Modeste vit des journaliers qui fabriquaient des briques sur un terrain qui devrait abriter une église catholique. Il s'arrêta et observa ce qu'ils faisaient. Puis, sans aucune autorisation, il s'approcha et se mit à remplir les moules à briques avec de l'argile comme faisaient les autres. À la fin de la journée, quand l'entrepreneur blanc revint sur le chantier, il constata qu'il avait un ouvrier en plus. Il lui demanda son nom.

Je m'appelle Modeste Kazadi Tshakatumba.

Très bien, je vois que tu es un homme fort et que tu es motivé pour le travail.

L'entrepreneur blanc lui paya deux fois le salaire journalier. Il lui fit une petite note sur un papier d'emballage de cigarette et lui dit:

Voici Modeste! Je te recommande chez un ami à Élisabethville. Il s'appelle Henry Diels. Il est le responsable des Ateliers centraux de la BCK (Compagnie du chemin de fer Bas-Congo au Katanga). Tu vas lui donner cette note. Je te paie un titre de voyage jusqu'à Élisabethville.

Voilà les circonstances dans lesquels Modeste se retrouvera à Élisabethville, où l'avait déjà précédé son ami Sylvano Kansela.

À peine descendu du train, Modeste Kazadi se rendit aux Ateliers centraux chercher Henry Diels. Il était très content de le rencontrer de la part de l'entrepreneur resté à Kamina. Il lui remit la note et Henry l'envoya voir le Gérant de Cité pour des formalités d'embauche. Il reçut son affectation aux ATC (Ateliers centraux). Le Gérant lui remit les clés de sa nouvelle maison et de l'argent pour l'aider à s'installer.

Sur le lieu du travail, Modeste reçut un équipement de sécurité (salopettes et bottes). On lui fit la ronde des ATC et du camp Saint Guillaume où il allait loger.

Les maisonnettes du camp Saint Guillaume étaient construites en rangées. Elles flambaient neuves avec leurs tuiles en fibrociment rougeâtre. Elles mesuraient chacune 10m x 4. Chaque maisonnette avait une chambre à coucher, un petit salon et une petite cuisine. Deux petites fenêtres vitrées ornaient la façade, l'une devant le petit salon et l'autre à la chambre à coucher. La cuisine était dotée d'une cheminée.

En temps d'orage, on entendait la pluie qui tambourinait le toit comme du picotage d'oiseau. Les installations sanitaires et les douches étaient communes.

Les maisons de Saint Guillaume étaient plus confortables que celle de Kamina. Ses occupants avaient de l'électricité en permanence.

L'unique chose que Modeste Kazadi ne pouvait tolérer était les moustiques. Il fallait chaque soir enfumer la maison des feuilles de sapin ou d'eucalyptus pour les chasser.

Du reste, la vie à Élisabethville était aisée. Le camp avait des cantines où on achetait du lait écrémé, de la margarine, des saucisses, du fromage et de la bière Simba. Il y avait même des endroits aménagés où les ouvriers allaient boire et danser.

Il n'y avait pas de cérémonial pour manger de la viande. Elle était de bonne qualité et goûtait bon. Elle venait d'un abattoir non loin du camp.

Modeste Kazadi alla le visiter un jour où il n'était pas au travail. Il était curieux et voulait voir comment les bêtes étaient abattues en ville.

Les grosses bêtes comme les vaches étaient abattues à l'aide des carabines. Puis, elles étaient écorchées haut et dépecées à l'aide des scies électriques. La viande récupérée était transférée vers des chaines d'emballage où elle était étiquetée avant d'être commercialisée. Elle goûtait aussi bon que les viandes qui garnissaient rarement les tables familiales au village.

Modeste était resté silencieux. Il avait réalisé combien les traditions et coutumes ancestrales avaient trop de sel de barbarie. Il s'était senti humilié et ridicule, dépouillé de son ego en tant que fils d'égorgeur et égorgeur dans la cour du roi. Les traditions sur lesquelles était fondé son prestige à Kaseki n'avaient pas son répondant en ville. On aurait pu dire que ses ancêtres avaient inutilement servi à la cour des années durant.

À partir de ce jour, il n'avait aucun chagrin d'avoir quitté Kaseki. Une seule chose lui tenait à cœur: aller récupérer sa fiancée et rentrer bâtir une famille.

Modeste rêvait de prendre une revanche sur sa vie en envoyant ses enfants aux études, ce qu'il n'avait pas lui-même réussi à faire dans son milieu rural. Il rentra dans sa maisonnette et dormit de bonne heure, car il devrait travailler le lendemain.

Les rotations hebdomadaires sur sa feuille de route allaient de 6h00 à 14h00, puis de 14h00 à 22h00 et enfin de 22h00 à 6h00.

Retrouver Sylvano était une des priorités de Modeste. Il avait besoin d'une personne qui devrait l'orienter dans sa nouvelle vie de citadin. Il lui fallait quelqu'un avec qui passer le temps et calmer ses inquiétudes d'une nouvelle vie en centre urbain.

Sa relation d'amitié s'était construite à partir de leurs parents. Sylvano était fils de notable et son père faisait souvent appel à Mutombo Menda pour égorger en des moments de célébration.

Sulvano n'avait pas étudié dans la même école que Modeste. Il avait fait ses études à une mission catholique et parlait couramment français. Ayant appris que son ami était dans sa ville, il vint le visiter avec joie.

Il était bien habillé. Les fonctions commis qu'il occupait à la division de Contrôle des Recettes du chemin de fer faisaient de lui un monsieur respectable.

Renouer avec un ami d'enfance fut un moment mémorable. Malgré leurs statuts différents, les deux amis s'entendaient à merveille comme par le passé. Leur harmonie avait fait que beaucoup de gens les croyaient jumeaux. Ils se ressemblaient en effet. Imberbes tous deux, ils avaient également la même taille et clair de peau.

Sylvano et Modeste eurent avions beaucoup d'événements ensemble. Malgré qu'il fût marié, Sylvano avait toujours un temps pour son ami. Ce fut une véritable amitié, celle qu'on confond avec la famille. Élisabethville leur donnait un nouveau départ et de nouveaux rêves : fonder une famille et réussir à tous prix. Ensemble, Sylvano et Modeste ont fait tant de choses belles et difficiles.

Trois mois après, Modeste reçut un certificat d'ajusteur. Il était qualifié à profiler les roues des locomotives et des wagons. C'était un travail d'ingénieur qui exigeait une précision absolue. Les roues profilées devraient maintenir le standard au millimètre près. La tâche consistait à élever les boggies à l'aide d'une grue et à travailler sur les essieux des roues.

Les wagons affectés par un plat bandage nécessi- taient un renouvèlement entier d'acier couvrant la roue. Il graissait les boîtiers des essieux pour leur éviter un nouveau chauffage.

Chaque jour de travail était un parcours de combattant. Modeste revenait à la maison, la salopette couverte d'huile des boîtiers des roues.

Il lui arrivait de prendre des heures supplémentaires pour réaliser son projet de mariage. Il s'était même découvert un talent de tailleur!

Kalenga, la femme de son ami Sylvano Kansela, aimait beaucoup s'habiller. Elle était si chic qu'au Camp on l'avait surnommée Fabiola, du nom de la reine des Belges.

Au moment où les femmes des ouvriers achetaient leurs lingeries dans les friperies, Kalenga Fabiola se cousait des jupes et des chemisettes de fil à l'aiguille pour paraître toujours belle.

Modeste Kazadi avait décidé de l'accompagner dans sa coquetterie. Il s'était acheté une machine à coudre. Il avait créé des patrons pour lui coudre des jupes et des blouses. En échange, Kalenga Fabiola l'aidait à cuisiner quand il travaillait la nuit. Sylvano était toujours émerveillé de voir sa femme différente.

Finalement, les autres femmes voulaient s'habiller comme Kalenga. Modeste Kazadi était désormais très sollicité. Dès qu'il revenait des Ateliers centraux, après le repas, il sortait sa machine et cousait jusque tard dans la nuit. Quand il travaillait la nuit, c'est très tôt le matin qu'il cousait.

Les hommes ne voulaient pas rester à la traîne. Il leur cousait des pantalons et des vestes. Il recevait également des commandes des cadres blancs.

L'entreprise personnelle croissait. Elle lui procurait plus de revenus que son emploi d'ajusteur. Ce qui lui permit d'envisager son voyage pour le Kasaï plus tôt que prévu. En se mariant, se disait-il, il organiserait mieux sa vie.

Au mois de janvier 1945, après Noël et la fête de bonne année, Modeste Kazadi prit le train pour le Kasaï. Il avait en main quatre valises remplies des vêtements, une pour Marie, une pour sa mère, une pour ses frères et une autre remplie de cadeaux et des accessoires constitutifs de la dot.

Il n'était plus ce même garçon du village qui véhiculait partout l'odeur du sang frais d'animaux qu'il égorgeait à la cour du roi, mais un garçon de ville. Il avait changé de teint, il était encore plus beau qu'avant.

Le jour du voyage, une fois dans son compartiment, il s'endormit d'un sommeil profond, bercé par la percussion des roues de son wagon sur le rail. Ses rêves étaient envahis des images de Marie qu'il allait retrouver. Il rêvait de faire d'elle un top model aux côtés de Kalenga Fabiola.

Le train marqua le premier arrêt à Jadoville. La gare était splendide la nuit. Modeste descendit pour se dégourdir les jambes et rentra dans son compartiment.

Il eut un autre arrêt à Tenke. La gare était réputée dangereuse pour les voyageurs. On racontait que les batumbula (des négriers) y enlevaient les voyageurs imprudents. Ils avaient installé un dispositif dans les toilettes de sorte qu'une fois à l'intérieur, les voyageurs ne pouvaient plus sortir. Le temps de transit fut plus long à Kamina, car le train devait changer de locomotive.

Modeste Kazadi descendit pour échanger avec Gustave Nsenga. Il savait qu'il était à bord du train et l'attendait au passage. C'étaient des retrouvailles!

La femme de Gustave l'avait déjà rejoint. Ils avaient un deuxième enfant. Ils parlèrent de tout et de rien, se souvenant de l'aventure de Modeste Kazadi sur le chantier de four à briques. Gustave lui fit savoir que l'on construisait une église sur ce terrain.

Il était content de voir la réussite de son ami et se proposait de se rendre à Élisabethville. Il ne souhaitait plus rester vivre à Kamina où ses anciennes petites amies taquinaient sa femme. Bien qu'ils eussent changé de maison, cela n'avait pas aidé.

Après Kamina, le tain s'arrêta à Luputa. Modeste descendit et alla monter à bord d'un camion MAS pour Ngandajika. Il dormit jusqu'à Ngandajika.

Marie Mutoba savait que son fiancé arrivait, car ils échangeaient régulièrement des lettres. Elle était à sa dernière année à la Mission Tielen de Kalenda, non loin de Luputa. Elle faisait une formation d'enseignante et attendait de terminer l'année suivante. Mais, compte tenu de l'imminence du mariage, elle avait accepté d'interrompre ses études.

Le jour J (celui du mariage), les deux grandes familles étaient sur place à l'arrivée de Modeste Kazadi. Sa mère, Kabole Mwa Mbaya, s'était remariée à Kaboza, le fils aîné de son défunt mari. C'était la coutume.

Ses frères et sœurs étaient tous réunis pour la cérémonie du mariage. La famille de Louis Kambemba reçut tout ce beau monde. La vie culturelle des Baluba en matière de dot était exigeante.

Kaboza avait amené deux chèvres pour la circonstance et des poules pour la solennité de l'événement. Une des chèvres était pour le mbuji wa nyima (la chèvre pour le dos). C'était pour honorer sa belle-mère qui a su lui garder sa fille vierge. L'autre chèvre était pour remercier toute la famille de Louis de l'avoir accepté dans leur maison.

Le mariage n'avait pas été fastueux sur demande de Louis Kambemba. Louis se souvenait encore des hyènes qui s'étaient engouffrées dans sa maison et craignait que les jaloux nuisent une fois de plus dans sa famille.

La cérémonie eut lieu dans la cour de Louis Kambemba. Kaboza avait remis l'argent de la dot à Marie, comme le voulait la coutume. Il donna en plus deux costumes, un fusil, une radio et des pièces de pagne cousues à Louise.

Le vin de palme avait coulé ce soir-là jusque tard la nuit. Modeste Kazadi avait apporté une lampe Colman qui éclaira pendant toute la cérémonie.

Page volontairement laissée vierge

CHAPITRE SIX

La Vie En Ville

Une fois de retour à Élisabethville, en compagnie de sa jeune épouse, Modeste Kazadi reprit ses activités. Son emploi de temps n'avait pas changé.

Chaque fois qu'il revenait des Ateliers Centraux, il sortait sa petite machine à coudre. Il confectionnait des tenues en pagne pour dames et des costumes pour hommes. Il travaillait jusqu'aux heures tardives de la nuit.

Avec sa jeune femme, ils s'étaient fixé un objectif ambitieux: économiser de l'argent en vue d'ouvrir un coin de commerce dans la commune de Katuba. Ils étaient persuadés que c'était dans cette commune pourtant éloignée de son lieu de travail que leur avenir se jouerait.

La commune de Katuba était à la fin de son expansion. Elle attirait beaucoup de gens parce que les terrains y étaient meilleur marché. Les Belges, autorité coloniale, octroyaient des crédits aux indigènes qui avaient un métier.

Modeste Kazadi avait acquis un terrain aux confins de la nouvelle commune, sur le Boulevard de Liège, dans la localité de Katuba II.

De l'autre côté de la route s'étendait une abondante brousse bordée par la rivière Kafubu.

De son fonds propre, Modeste Kazadi se fit lotir une parcelle pour y construire la maison de son rêve.

L'édifice devrait comprendre deux chambres à coucher, une cuisine, une pièce attenante plus large et une autre plus grande que toutes les pièces.

Les deux salles les plus larges allaient avoir des portails qui donnaient sur l'extérieur.

Marie Mutoba servait d'aide-maçonne. Elle avait accepté de partager ses jours de semaine entre le ménage, les travaux de construction, les soins de ses enfants parmi lesquels son dernier-né, Albert Kazadi, qui avait des problèmes de santé.

Chaque jour, le matin de bonne heure, elle apprêtait le mortier, apportait de l'eau sur le chantier et assemblait les matériaux élémentaires de sorte à permettre aux maçons de commencer immédiatement l'ouvrage à leur arrivée.

La jeune femme n'avait de répit que le dimanche. Le couple sortit des terres un magnifique bâtiment.

L'une des grandes pièces accueillit le magasin de vente des vivres. Celle de la façade principale devint un débit de boisson. Elle avait en sa face une signature toute particulière qui fit sa renommée: un auvent. Le petit toit en béton armé aménagé au-dessus du portique et des fenêtres centrales de la maison n'était pas soutenu par des piliers. Suspendu sur le front de l'édifice, il ressemblait à la visière du képi du Roi des Belges, Baudoin 1er. Toute la magie du succès à venir du bar se cachait sous cet auvent. Son charme était irrésistible et ne laissait personne indifférent, à commencer par les indigènes. Ils aimaient tellement le roi Baudoin qu'ils le retrouvaient dans cette architecture. L'impression avenante de l'auvent attirait les clients plus que la musique.

D'année en année, le commerce de Modeste Kazadi prit de l'ampleur.
En ces moments, Marie Mutoba, qui avait rejoint son mari à 14 ans, était dans sa vingtaine. Elle avait déjà quatre enfants, Lucien, Alex, Louis et moi le cadet.

Je pendais constamment à ses mamelles malgré sa disponibilité très segmentée. Quand elle cessait de prêter son aide aux maçons, elle distillait dans sa cuisine encore inachevée le lutuku, alcool à base de maïs fermenté.[1]Elle cuisinait pour ses quatre enfants et son mari qui continuait

---

[1] L'alcool frelaté était interdit mais permettait aux femmes de vendre cet alcool

à travailler en rotation à la BCK.

Bien qu'elle allât au lit tardivement, au premier chant du coq, elle était déjà debout. Elle apprêtait le mortier, aménageait le chantier pour les maçons, démarrait sa brasserie, puis s'occupait de mes aînés qui devraient se rendre à l'école.

Elle et son mari étaient résolus de briser le cercle de la pauvreté, rien que par le travail. Ils avaient refusé la vie du Camp Saint Guillaume où ils auraient dû se contenter d'une maisonnette rudimentaire de deux petites pièces avec cuisinette, mais sans toilette à l'intérieur.

Un événement vint retarder leur rêve… Le décès de leur fils Alex. Il semble qu'il aurait souffert de la poliomyélite. La maladie était épidémique à ce moment-là.

À la veille de l'indépendance du Congo belge survenue le 30 juin 1960, le commerce général était monopolisé par les Grecs, les Belges et les Italiens.

Mon père m'en parlait, comme un fier vétéran de guerre, des conditions d'admission à la chambre de commerce pour l'obtention d'une licence de commerce.

Tout commençait par une convocation aux examens d'admission. Modeste Kazadi n'avait qu'une petite connaissance de la langue française. Il devrait se préparer en conséquence pendant des semaines. Au cours des épreuves, il avait pris le temps nécessaire pour répondre aux multiples questions posées. Les autres participants étaient des commis de la classe moyenne, dont le père de Moïse Tshombé, ancien premier ministre.[2] Ils étaient plus confiants, ils répondaient rapidement aux questions et s'en allaient.

Ces beaux messieurs s'étaient présentés aux examens tirés à quatre épingles. Mon père, lui, était simplement habillé. Il portait une chemise à

---

traditionnel pour ajuster les revenues de la famille

[2] Moise Tshombe, ancien premier président de l'État séparatiste du Katanga qu'il proclame 11 jours après Le 30 accession du Congo a l'indépendance le 30 juin 1960. Il sera nommé 1er ministre du Congo- Kinshasa en 1964 par le président Kasavubu

manches courtes et des mocassins aux pieds.

En son for intérieur, Modeste Kazadi se moquait d'eux. Il se demandait pourquoi ils devraient s'empresser de partir. Il rendit sa copie après tout le monde. C'était sans surprise qu'il fut accepté à la chambre de commerce.

Modeste Kazadi avait nommé sa maison de commerce « Alimentation Générale ». Il trouva par la suite que c'était banal et sans ambition. L'appellation ne répondait pas à un pourquoi. Les gens, disait-il, n'achètent pas ce qu'on fait, ils achètent le POURQUOI de ce que vous faites. Il croyait fermement à cette logique des choses qui finit par lui donner raison et qui éleva très haut son étendard. Quand il finit d'annexer un débit de boisson au magasin et que la place eut pignon sur la rue, il baptisa son lieu de commerce du nom de Bar Kaseki, le nom de son village natal.

Le succès ne tarda pas. Kaseki devint très vite un coin de jouissances et des rencontres pour une grande partie de la population de la ville d'Élisabethville sans distinction des origines.

La masse autochtone ne fut pas du reste. Les clients étaient nombreux à venir de montagnes de Kanyaka et de Mulopwe. Ils envahissaient le parvis du bar pareil à des insectes attirés par une lampe.

Désormais, mon père ne s'appellera plus Modeste Kazadi, mais Kaseki. Il devenait un leader, car il sut rapprocher des gens de différentes classes sociales. Il s'illustrait en bâtisseur.

Bar Kaseki était assiégé tous les jours de la semaine, le matin par les Balamba et les Babemba, et les soirs après les heures de travail par les transfuges du Kasaï. Ce monde aux antipodes bien différent s'alternait dans le bar sans se gêner.

Les weekends, la musique jouait jusqu'au petit matin. Le tout tournait avec des lampes Coleman et des batteries d'auto pour la musique. On refroidissait la bière avec des blocs de glace que l'on protégeait avec des copeaux.

La petite brasserie de ma mère Marie tournait également à plein régime pour les mêmes clients. Leurs affaires avaient pris un élan si spectaculaire que Bar Kaseki était sans concurrence.

Le couple n'était pas des concurrents, mais en plus d'être des partenaires d'amour, ils devinrent également des partenaires d'affaires. Ils se retrouvaient tard la nuit dans leur chambre à coucher et passaient des heures à compter l'argent amassé avant de se coucher. C'était ainsi le quotidien de mes parents.

La popularité n'a jamais été orpheline, dit-on. Porté à bras forts par les autochtones Balamba, ma mère n'avait pas traîné de parler leur langue!

D'autre part, la communauté kasaïenne grandissait de pro en pro. Les deux exhortèrent Modeste à lever sa barre encore plus haute.

Les élections générales de 1958 que les colonisés avaient décrochées face à l'occupant belge se pointaient à l'horizon. La Belgique voulait démontrer au reste du monde sa volonté de faire participer les Congolais à la gestion de la chose publique.

Modeste Kazadi décida de présenter sa candidature comme conseiller provinciale. Il organisa sa campagne électorale aussi bien avec les autochtones qu'avec ses frères, les kasaïens.

Il fut voté comme conseiller. Il eut plus de voix que ses concurrents.
La langue de Molière malheureusement lui manquait pour lui permettre de jouer un rôle central.

Je me souviens encore, malgré mon jeune âge, de son retour à la maison après proclamation des résultats des votes. Il était à bord d'une voiture Chevrolet Impala noire conduite par un chauffeur blanc. À sa descente de l'auto, il était immédiatement porté en tshipoyo par ses sympathisants.

La bière avait coulé à flots ce jour-là. Modeste Kazadi jetait de l'argent et les attroupements d'individus venus l'admirer se lançaient pour s'en approprier.

En 1964, Kaseki réalisait un autre exploit. Il avait tiré une ligne électrique sur une distance de près de trois kilomètres pour connecter son florissant commerce. Les affaires firent un autre bond extraordinaire. Modeste, le vent en poupe perdit la tête.

En plus du fait qu'il était un très bel homme et qu'il avait maintenant beaucoup d'argent, toutes les jeunes femmes se mirent à le suivre. Albertine Tshongo, claire de teint et très belle femme qui était du même âge que mon frère aîné, Lucien, eut plus de chance d'accrocher Modeste Kazadi.

Papa l'avait surnommée Albertine mwana ya deke, titre d'une chanson de Franco, chanson très appréciée en ce moment-là.

Papa pouvait jouer mille et une fois Albertine mwana ya deke sans se soucier de ses clients. On pouvait alors imaginer les sentiments de ma mère, femme fidèle et partenaire des moments difficiles.

Les choses se passaient comme si Albertine Tshongo avait décidé de prendre sa place. Sous l'influence de cette femme de mauvaise vie, mon père délogea ma mère de la maison que ma mère et lui avaient construite ensemble.

Modeste Kazadi n'avait pas simplement exécuté le plan de sa nouvelle femme, mais il l'avait exécuté avec une telle brutalité que ma mère eut de la peine à digérer. Elle était d'autant déçue que l'agressivité de Modeste Kazadi n'épargnait pas les enfants.

Cette nuit-là, il faisait un froid de canard. Les miaulements continuels d'un chat ne nous permettaient pas de dormir. Dans nos traditions le chat ne miaule jamais inutilement, ses pleurs annoncent un malheur.

Dans la chambre des enfants, nous avons appelé au secours les parents, mais sans succès. Nous tremblions de peur dans nos lits. En temps normal, l'un de nos parents aurait couru à notre secours sans attendre. Mais, cette nuit-là, le cours de notre histoire allait changer.

Modeste Kazadi, marteau en main, avait décidé de briser la résistance de notre mère qui ne voulait pas quitter la grande maison.

La hanche brisée à coup de marteau après une longue altercation, notre mère criait de douleur.

Nous percevions ses pleurs de notre chambre, mais nous ne pouvions rien faire pour lui porter secours. Je suis quand même sorti de la chambre, que je partageais avec ma sœur pour accéder à celle des parents. Malheureusement, la porte était verrouillée de l'intérieur.

Ma sœur m'avait rejoint et nous avons donné des coups sur la porte pour obliger notre père à ouvrir la porte de sa chambre. Bien entendu, nos efforts étaient vains.

Mon père voulait en finir une fois pour toutes avec sa femme. Ses cris de détresse le laissaient indifférent. Il criait en l'injuriant.

Nous pouvions compter les coups que recevait notre mère aux gémissements qu'elle laissait entendre. Nous sommes restés assis devant la porte jusqu'au petit matin, impuissants, ne sachant où donner de la tête.

Au lever du soleil, Marie Mutoba fut amenée à l'hôpital par les voisins. Elle en sortira une semaine plus tard, plâtrée jusqu'aux hanches. Elle attendit sa guérison et, un mois après, elle quitta la grande maison qu'elle avait pourtant construite de ses propres mains. Elle avait laissé la place à sa rivale.

Nous sommes allés derrière la grande maison nous abriter dans la petite bâtisse qui servait de brasserie de lutuku.

L'annexe avait trois minuscules pièces. Ma mère occupait une chambre, Alpho, une autre et mes petits frères et moi la troisième. Comme il avoisinait les latrines du bar, toute l'odeur des urines des clients qui venaient boire au bar nous enivrait jour et nuit.

Les hommes et les femmes partageaient les mêmes installations sanitaires. Nous assistions à leurs déraillements quand ils étaient ivres.

Entre-temps, Albertine qui n'avait pas encore un enfant occupait la grande maison. Les autres chambres furent occupées par de nombreux neveux à mon père venus du village.

Ils avaient pris d'assaut le magasin comme un troupeau d'éléphants. Quand minuit sonnait le glas de leur festin, ils cuisinaient le riz et éclataient des boîtes des sardines comme des musulmans après le ramadan.

Au bar, Moïse, le travailleur que Modeste avait embauché en remplacement de ses frères, avait installé son QG des pilleurs. Il donnait la marchandise à crédit sans en faire part à son patron dépassé par les événements.

Nous les ayants droit étions condamnés à dormir dans un même lit, serrés comme des sardines.

Maman Marie n'avait ses yeux que pour pleurer. Sa rivale avait largement gagné non pas une bataille, mais toute la guerre, car mon père l'avait abandonnée comme on se débarrasse d'une jonque.

Les frères de mon père qu'elle avait entretenus à leur arrivée au Katanga ne voulaient plus d'elle non plus. Ils la considéraient comme un palmier desséché juste bon à jeter au four.

L'unique tante paternelle que nous avions, taxait Marie Mutoba de sorcière. C'était souvent ainsi autre fois. Quand on ne voulait pas d'une femme, on la traitait d'ensorceleuse.

Marie Mutoba, la fille aînée du juge principal de Ngandajika, lettrée et enseignante de formation, devrait faire face à une humiliation sans cause.

Voyant toute sa dignité piétinée, elle décida de rentrer chez ses parents au Kasaï à Ngandajika. Dès qu'elle eut un peu d'argent, elle paya son billet et ceux de ses deux cadets qui avaient encore besoin de ses soins, Solomon et Sylvain. Elle prit son bagage et s'en laissa.

Mes deux aînés, partis à la suite des troubles après l'indépendance, étaient encore à Kinshasa chez ma tante Achille. Alphonsine Ngalula et moi, nous sommes restés seuls dans la maison familiale, car notre mère n'avait pas assez d'argent pour payer nos titres de voyage.

Marie Mutoba était aussi essoufflée à cause des grossesses qui ne suscitaient aucune empathie de la part de son mari. Au moment où elle partit, elle était enceinte de quelques jours.

Toutes ces grossesses se suivaient, parce que notre mère tenait à donner à mon père une fille. Mais à chaque fois, c'était un garçon qui venait!

Au plus fort de la rivalité avec l'autre femme, en 1964, ma mère avait déjà mis au monde six garçons et une fille. Mon père voulait qu'elle lui donne des filles à marier. Les Sénégalais et les Guinéens adoraient les femmes congolaises et les épousaient à forte dot.

Mon père voulait tenter la chance d'avoir une fille avec Albertine Tshongo. Ma mère partie, il pouvait à présent se reposer dans les bras ensorcelants de sa Cléopâtre et satisfaire sa libido sans contrainte. Il ne se préoccupait pas de rejetons laissés par la femme de son enfance.

De temps en temps, il pouvait se souvenir de ma sœur Alpho, mais pas de moi. Avec le départ de notre mère, il s'en était suivi pour Alphonsine et moi des mois de galère.

Nous étions dans notre propre maison comme des orphelins oubliés dans un dortoir, loin de l'attention de notre propre père. Nous passions parfois des journées sur la rue sans nourriture, abandonnés et oubliés de tout le monde... Le vent frais du soir nous faisait greloter sans que personne ne se préoccupe de notre existence.

À des occasions, notre père était regardant à l'endroit de Alphonsine, mais moi j'étais le cadet de ses soucis. J'étais pour lui juste une espèce de brimborion sans avenir réel, un enfant maladif devant de toutes les façons mourir d'un moment à l'autre. L'unique personne qui s'occupait de ma santé précaire, ma mère, avait jeté l'éponge face à une adversaire implacable.

J'étais abandonné à la merci de la nature, jusqu'au jour où un ange nous apparat... Une des vieilles concubines à notre père, Madeleine, revenait du marché quand elle nous vit. Elle était célibataire sans enfant. Elle nous avait reconnu nonobstant le dégât du froid et de la faim qui nous avait rendus squelettiques. Madeleine nous prit et nous amena à sa demeure sans consulter notre père. Elle soigna nos plaies et nous redonna la joie de vivre.

Modeste Kazadi ne fut informé que des jours après. Nous avons retrouvé le sourire avec Madeleine... Nous mangions trois fois par jour. Elle nous lavait avant de nous mettre au lit.

Le matin, elle nous raccompagnait à l'école après un copieux déjeuner. Elle était toujours présente pour nous récupérer après les cours.

Pendant ce temps, Lucien inondait Marie Mutoba avec des correspondances. Il la suppliait de regagner son toit conjugal afin de nous aider. Ma mère finit par rentrer. Peu de temps après, comble de malheurs, elle enfanta encore d'un garçon, Dhally Menda.

Ce fut comme une gifle dans le visage de mon père... Il prit tous ses effets et déménagea avec Albertine Tshongo vers une sorte de Maison blanche, une belle bâtisse qui avait appartenu à un commerçant belge connu sous le nom de Bwana Mafuta (Mafuta veut dire graisse en Swahili). Celui-ci avait concédé sa maison à mon père contre une petite somme d'argent.

Le blanc tenait à vider le lieu, car il ne pouvait pas tolérer l'insolence des noirs, nouveaux riches qui, à peine émancipés, excellaient par l'arrogance.

La fameuse Maison-Blanche était située sur 3 km de chez nous en allant vers les montagnes de Kanyaka. Modeste Kazadi y ouvrit un autre point de commerce géré par Albertine.

Le magasin était plus fourni que le nôtre, mais il n'y avait pas de débit de boisson. Mon père craignait pour sa nouvelle conquête.

La nature, en bon complice, se mêla des égarements de Modeste Kazadi. Albertine eut une première grossesse et donna naissance en 1965 à une jolie petite fille, à qui mon père donna le nom de sa mère Lily Kabole Mwa Mbaya. Puis, comme pour disqualifier définitivement sa rivale, en 1967, elle récidiva et accoucha d'une autre fille. Il lui donna le nom de ma mère, Marie Mutoba, pour calmer sa jalousie.

La petite Marie était absolument jolie et ressemblait à mon père comme une goutte d'eau. Tout le monde voulait l'emprisonner dans les bras et la couvrir des baisers.

L'espérance renaît dans l'esprit de mon père. Il avait des arguments pour justifier son idylle. Il n'y avait plus matière à procès. Furieuse, abandonnée à elle-même, Marie Mutoba décida d'organiser autrement sa petite vie.

Elle ouvrit une petite pâtisserie de beignets juste devant le magasin à côté du bar. Elle redémarra sa brasserie à distiller le lutuku, l'alcool indigène, et se remit au travail avec rage.

Son entreprise ne tarda pas à prospérer. Elle lui procurait assez d'argent pour subvenir aux besoins de ses enfants. Elle avait également le temps de revoir les leçons avec chacun de nous.

Je fus même proclamé premier de ma classe. Les échos parvinrent à mon père, il vint me féliciter.

Restés en quelque sorte orphelins de père, nous étions déterminés à réconforter notre mère par un comportement exemplaire. En plus de la résolution de bien travailler à l'école, nous effectuions les travaux ménagers sans nous plaindre.

Le temps finit par nous donner raison: nos résultats étaient toujours encourageants. Pax Romana fut le nom que je donnai au compromis que mes parents finirent par trouver.

Avant, Marie Mutoba et Modeste Kazadi avaient entretenu de bonnes relations de couple. Durant de nombreuses années de construction du devenir de leur famille, ils étaient unis comme les doigts d'une main, jusqu'au jour où ils laissèrent une brèche... Une troisième personne, une très belle femme, est venue briser l'harmonie de ce couple!

Après tant de dégâts, Modeste Kazadi finit par reconnaître sa chute. Il semblait avoir assimilé la leçon. Il avouait désormais que les mains d'une femme sont puissantes et que son baiser peut être mortel!

Cette soudaine conversion coïncidait avec son hospitalisation. Rendu sage par la maladie, il prit l'initiative de me parler des événements de sa vie.
Il me dit qu'il ne souhaitait pas me voir emprunter la même voie que lui, que la débauche ne paie. Il me parlait comme tout bon parent qui veut le bonheur de ses enfants. Il me racontait les épisodes de sa propre chute avec remords. Il trouvait dans la tradition des arguments pour me rendre sage.

Il me raconta qu'au temps de l'opulence, chaque fois qu'il allait à son coffre-fort pour extraire quelques billets de banque, il se justifiait et promettait de ne plus revenir en chercher encore. Le coffre-fort lui répondait:

Pourquoi te justifies-tu, chaque jour? Je t'appartiens, tout ce que je renferme n'est-il pas à toi?

Mon père promettait néanmoins à son coffre-fort: Je suis un homme de parole. Je ne reviendrai plus.

Quand Albertine Tshongo ressurgissait avec un besoin nouveau, Modeste Kazadi rentrait à son coffre-fort avec les mêmes arguments:

Cette fois, je ne reviendrai plus. Je m'excuse de te déranger. Je vais prendre juste deux liasses de cents.

Un matin, alors que Albertine attendait de se rendre chez son tailleur, Modeste Kazadi se présenta de nouveau devant son coffre-fort. Il avait cessé de s'excuser. Il plongea la main dedans et elle n'attrapa aucun billet de banque. Comme il ne croyait pas sa main, il baissa sa tête pour bien voir l'intérieur du coffre-fort! C'était la désolation.

La caisse lui dit avec étonnement: Penses-tu que j'ai le pouvoir magique de multiplication d'argent? Il n'y a rien! C'est vide!

Entre-temps, Albertine s'impatientait. Modeste Kazadi lui dit calmement qu'il n'avait pas d'argent. La sangsue resta silencieuse pendant un moment puis elle dit à son mari:

Alors, qu'est-ce que je vais faire?
Mon père lui dit de patienter.
Mais Albertine était impatiente.

Après avoir mené son amant à la faillite, elle s'inventa un prétexte pour partir voir ses parents à Kinshasa. Elle prit ses deux fillettes et partit.

Elle était si audacieuse qu'elle racla même le peu d'argent qui traînait dans la caisse du magasin.

Albertine Tshongo n'est jamais rentrée de Kinshasa malgré les messages incessants de mon père. Modeste fit seul le deuil de sa maîtresse dans la Maison Blanche déserte, ravagée par les rats et les cancrelats. L'auto qui l'aidait au transport de la marchandise avait échoué sur des briques, faute des pièces de rechange.

Le malheur ne venant jamais seul, l'amplificateur qui appelait les clients au débit de boisson tomba en panne. Toutes ses belles chemises blanches avaient perdu d'éclat. Ses pantalons pendaient sur sa silhouette amaigrie comme une peau d'éléphant. Ses os qu'on ne voyait pas étaient mis à nu. Toute son allure de bel homme s'était défaite, le faisant paraître plus vieux qu'Abraham. Kaseki apprit avec amertume la sagesse des anciens qui disait qu'« un grand amour est un crédit ouvert à une puissance si vorace, que le moment de la faillite arrive toujours. »

Redevenu serein, Kaseki se souvint de sa femme de jeunesse. Marie Mutoba n'était plus loin de son champ de vision. Empathique et résiliente, elle alla chercher son mari à la Maison- Blanche. Elle le ramena à son domicile et petit à petit le releva de la faillite.

Les filles qu'il rêvait de marier aux Sénégalais avaient disparu avec leur mère. Modeste Kazadi se retourna vers ses garçons qu'il avait toujours minimisés.

Son aîné, Lucien Kaboza, avait commencé à travailler à l'université de Lubumbashi comme appariteur. Il finança son père qui rouvrit le bar avec de nouveaux instruments de musique. Il lui offrit une mobylette pour l'aider à reprendre son travail au chemin de fer.

Ma mère réapprovisionna le magasin. Malgré la naissance d'autres garçons, Désiré Tshibumbu, en 1966 et Freddy Kabambi en 1970, Modeste Kazadi ne se plaignait plus.

Il fêtait les naissances et remerciait sa femme. Son mea culpa était sincère. La paix durable revint dans la famille. Il était plus que temps.

CHAPITRE SEPT

Là Où On S'aime, Il Ne Fait Jamais Nuit

A Lubumbashi en 1967, quand mon père reprit le travail au chemin de fer, il était âgé de 42 ans.

Il avait récupéré son poste d'ajusteur aux ATC. Ses affaires reprenaient de l'allure, mais il trouvait que le statut d'indépendant n'était pas du tout sûr.

Au travail, il devait faire face aux railleries de ses anciens collègues. Ceux-ci considéraient son retour au travail comme un aveu d'échec, une faillite de son entreprise. Les humiliations étaient telles qu'il ne pouvait plus supporter davantage.

Un soir, de retour de l'atelier, il vint nous annoncer qu'il allait ranger définitivement sa salopette. Il prit une retraite anticipée pour consacrer le reste de sa vie à ses affaires.

Vivre exclusivement de recettes du magasin et du bar fut difficile. La famille s'était tellement agrandie que le supplétif de la petite brasserie de ma mère devenait insuffisant.

Louis Kambemba et sa femme avaient déserté Ngandajika, deux frères de maman et mes cousins avaient également élu domicile chez nous.

En plus, mon grand-père était malade et hospitalisé. Ma mère devait payer et ses frais d'hospitalisation et sa diète. Louis Kambemba mourut à Lubumbashi en 1968.

En 1973, je fréquentais le Collège Saint- Boniface, actuellement

Kitumaini, loin de la commune de Katuba. Cela impliquait les frais de transport en dehors du minerval.

De temps en temps, je pouvais emprunter la moto de Lucien. Souvent, je parcourais 14 km à pied chaque jour faute d'argent. Marie Mutoba n'avait pas pour autant désarmé. Avec ses maigres revenus, elle réussit à placer mes jeunes frères dans des internats et à assurer les frais de leurs études.

C'est dans cette atmosphère bon enfant que je décrochais mon diplôme des humanités. J'avais pu le faire grâce à l'opiniâtreté de ma mère. Ma détermination y fut pour beaucoup.

Mon père, obnubilé par la volonté de réussir socialement, était désespéré. Il lui était très difficile de tolérer un échec. Il souhaitait voir ses garçons s'adonner aux études. Faute de mieux, il réorienta son aspiration à avoir des filles à marier aux Sénégalais. Son désir primaire était de voir ses enfants se préparer à prendre sa revanche dans une société où le pouvoir et l'argent étaient assurés par le diplôme. Mon diplôme, le premier de la famille, tomba à pic.

Pas encore tout à fait guéri, mon père fut requinqué au point de quitter l'hôpital quelques jours plus tard. Je pris le chemin de l'université en septembre 1975 tout en continuant à aider mes parents pendant mes heures libres et mes vacances.

En juillet 1978, après une bonne session universitaire, je quittai la petite chambre que je louais depuis le début de mes études universitaires pour m'installer dans la maison familiale. Modeste Kazadi avait plus besoin de moi près de lui. Sa confiance en moi demeurait intacte au fil des années.
Il eut néanmoins peur quand il me vit tomber amoureux de la fille d'un de ses amis. Elle s'appelait Hélène Xisemé.

Tout avait commencé un soir quand la jeune fille était venue à notre boutique acheter de la cigarette pour son beau-père.

Hélène Xisemé n'était pas une fille ordinaire pour passer inaperçue. Dès qu'elle avait posé son regard sur moi, j'ai ressenti quelque chose de l'ordre de l'affectivité que l'on appellera coup de foudre quand j'apprendrai que c'était réciproque. Je ne sais plus ce que je lui ai dit ce jour-là, mais je me souviens que ce fut le début d'un amour qui nous rendit fous tous les deux.

J'avais oublié les conseils de Marie Mutoba qui m'avait bien expliqué que l'amour d'une fille pouvait compromettre mes études.

Nous étions si amoureux que toutes les bifurcations de la Katuba nous connaissaient, et nous parcourions les ruelles en parlant de tout et de rien.

Un soir, Hélène Xisemé demanda sans me ménager:
Albert! Voici deux semaines que nous sommes ensemble.
Qu'attends-tu de moi?
Je lui répondis:
Hélène, ce n'est pas dans mes habitudes de faire le pied de grue dans les rues avec des filles. D'ailleurs, je sais que mes parents sont au courant de nos relations. J'attends beaucoup de toi. Mais tu as encore 16 ans et je suis aux études. Pourras-tu m'attendre jusqu'à ce que je termine mes études? Il ne me reste que deux années de licence.
Je t'attendrai quel que soit le temps que ça prendra, dit Hélène.

Mes parents m'avaient maintes fois interrogé sur ma relation avec Hélène, ils s'inquiétaient de la réaction de ses parents qui avaient commencé à se plaindre.

Nous serions, Hélène et moi, arrivés à un compromis acceptable si, le jour de Nouvel An, nous ne nous étions pas égarés dans nos sentiments.

Mon frère Louis avait organisé une soirée de réveillon chez lui. Sa femme tenait à ce que je sois accompagné de Hélène. J'en avais fait part à Hélène qui avait accepté l'invitation à condition de rentrer chez elle avant minuit.
Elle dirait à ses parents qu'elle se rendrait à un office religieux qui durerait jusqu'à 22 heures.
Henriette, sa mère, serait contente à l'idée de voir sa fille consacrer le dernier jour de l'année à Dieu. Mais… au lieu de rentrer chez elle à l'heure prévue, Hélène retourna à la maison au petit matin. Faute

impardonnable!

Ses parents étaient furieux. Ils étaient venus rencontrer les miens pour se plaindre. Une confrontation eut lieu. Je présentai les excuses aux parents de Hélène et aux miens.

Je leur parlai à cette occasion de notre projet de mariage. Là-dessus, ils ne dirent rien, malgré l'insistance de mon père qui leur demandait de ne pas mettre un terme à notre relation.

Ma mère n'était pas du même avis que mon père. Je redoutais qu'elle ait pris part à la suite: Hélène disparut.

Au mois de janvier, quand l'école reprit, j'accourus au Lycée Sacré-Cœur où elle étudiait, mais elle n'y était plus. J'appris avec colère que ses parents l'avaient envoyée poursuivre ses études chez son oncle à Kolwezi.

Ce jour-là, j'ai pleuré de toutes les larmes de mon corps, il n'y avait personne pour essuyer mes larmes.

Tout le monde, y compris ma propre mère, riait en cachette. Je me réfugiai pendant longtemps dans des mélancolies lamartiniennes.

Hélène s'était évaporée au paroxysme de notre amour. Elle avait laissé derrière elle un homme désamorcé, complètement malade.

Je pouvais voir d'autres beautés, avoir des petites amies qui réussissaient à traverser les maillons de mon filet, aucune d'elle ne pouvait me faire oublier Hélène!

J'avais beau pleurer, ronger les ongles, refuser de m'alimenter, le sort était devant moi comme un mur. Mon désespoir était si profond qu'on pouvait lire le chagrin sur mon visage. Comme il fallait s'y attendre, mes notes à l'université en souffrirent. La dernière année de licence dura toute une éternité.

Deux années s'étaient écoulées sans que l'ombre de Hélène Xisemé ne disparaisse. Les sonorités des vers de Ronsard que je lui récitais résonnaient dans ma mémoire comme le chant d'une sirène.

Hélène!
Quand tu seras bien vieille, au soir, à la chandelle,
Assise auprès du feu, dévidant et filant
Dis, chantant mes vers, en t'émerveillant:
Albert me célébrait du temps que j'étais belle.
Regrettant mon amour et ton fier dédain.
Vis, si m'en croyez, n'attendez à demain:
Cueillez dès aujourd'hui les roses de la vie.
Je m'en voulais en fin de compte.
Je m'étais rendu très loin.
On ne sort pas avec sa fiancée.

L'instinct me poussait à me réfugier dans le désert du Sarah et parsemer des oueds dans le sable chaud avec mes larmes. Ou, me demandé-je, fallait-il aller éteindre le courroux de Nyiragongo avec mes sanglots. Le mal était consommé.

Avec la magie du temps, on finit par oublier. Tant bien que mal, je m'étais remis aux études. J'étais à ma dernière année universitaire et j'avais un défi à relever, celui d'amener un diplôme d'université à mon père. Le défi était tel que je quittais la maison familiale pour aller vivre sur la cité universitaire.

En 1980, nous avions risqué de connaître une année blanche à cause d'un incident survenu sur la cité universitaire. Un collègue avait créé une situation qui avait mal tourné.

Il avait découvert un avorton dans la poubelle des appartements des filles. Au lieu de se limiter à en informer les responsables de la cité, il l'avait récupéré, puis emmailloté pour organiser un deuil public sur le rond-point appelé Che Guevara.

Les filles n'avaient pas apprécié. Elles s'étaient révoltées et avaient marché en sous-vêtements sur la cité universitaire pour manifester leur mécontentement. Elles réclamaient l'exclusion de l'étudiant qui avait déclenché le scandale.

Les choses s'étaient empirées. En pareille circonstance, il aurait suffi d'un grain de sel pour que le couvercle de la casserole saute.
L'un de nos collègues avait un lien avec la fille qui avait avorté. Il a

saisi son arme et a tiré sur l'un des meneurs du deuil avant de fuir.

La tension était telle qu'il a fallu que la police intervienne. Je décidai, comme tant d'autres étudiants, de quitter la cité universitaire. Il y eut des morts sur la cité universitaire ce soir-là.

J'avais couru sur près de 4 kilomètres pour trouver un transport qui me ramena à la Katuba chez mes parents.

Deux semaines s'étaient écoulées quand la radio s'était mise à appeler les étudiants à retourner à l'université. Les cours avaient repris.

La fille qui avait jeté l'embryon était envoyée déjà en prison. L'étudiant qui avait tiré sur un autre était revenu sur la cité universitaire sans aucune sanction.

On apprit qu'il était un agent de renseignements du régime en place. Il s'appelait Jean-Paul Kanga. Il logeait dans le même bloc que moi, à côté de ma chambre. Je ne savais pas le repousser quand il venait me visiter pour échanger des notes.

Qu'à cela ne tienne. En 1980, âgé de 24 ans, je décrochais mon diplôme d'université en Relations internationales.

Mon père venait d'être hospitalisé de nouveau et je n'avais personne à mes côtés pour monter l'esplanade du Bâtiment du 30 juin où se tenait la cérémonie de remise de diplôme.

Vêtu de toge noire, sous les acclamations des inconnus, je pris des mains du recteur le diplôme et courus à l'hôpital. Mon père était très fier de me voir entrer en toge. Il m'aurait sauté au cou s'il était en forme.

Toutefois, une fois de plus, il se releva de sa maladie et retourna à ses affaires. Il était si faible que je décidais de lui consacrer toute une année pour l'aider à hausser son chiffre d'affaires.

Bar Kaseki avait repris de plus belle. Nos principaux clients étaient les enseignants et leurs élèves. Ils avaient transformé le lieu en un Quartier latin.

Kaseki devenait un carrefour des discussions académiques en même temps un petit restaurant. On y buvait et mangeait des mets variés que ma mère préparait. Mon père me relevait pour me permettre de respirer.

Un jour, pendant mon absence, Hélène Xisemé passa à la maison. Mon père m'en informa à mon retour. Il l'avait suppliée de m'attendre, mais comme toutes les belles femmes, sa patience fut de courte durée, et mon père la laissa partir.

Je m'empressai chez ses parents. J'étais résolu de récupérer mon amour.
Je me disais:
« Tout ce que l'amour peut faire, je vais le faire ».

De chez moi à sa résidence, le temps me parut une éternité. J'allais dire à Hélène que je l'aimais toujours.

Quand sa mère me vit au seuil de sa porte, elle ferma le visage.
« Bonjour maman Henriette! Je peux voir Hélène? », lançai-je.

Hélène sortit immédiatement. Elle s'attendait à ma visite et savait que le visiteur à la porte avec sa maman ne pouvait être que moi. Elle était là en face de moi en chair et en os. Elle me souriait avec le même sourire innocent d'autre fois quand on s'aimait.

Je voulus l'embrasser, mais, hélas, je constatai que Hélène était enceinte... Sa grossesse était bien visible. Je fus pétrifié!

Ô! Cœur perfide de serpent caché sous un si beau visage.
Jamais une vipère ne s'était si bien camouflée!

Pourquoi mon père n'avait pas mentionné ce détail pourtant si évident? Je me rendis à l'évidence que toute ma carrière d'amoureux avait pris fin. Je tournai le dos et je m'en allai.

Je voulais rentrer à la maison, mais mon instinct m'envoya chez Vicky, une amie avec qui nous partagions des confidences.

J'étais pour elle une sorte de frère Laurence, un chapelain à qui elle confiait les sursauts de ses amourettes et je lui livrais aussi mes confidences. Je partis la voir en quête d'un remède quelconque pour consoler mon cœur malade.

Quand elle me revit, Vicky s'apitoya sur mon désarroi:
Albert!
Qu'est-ce qui t'est arrivé? Tu n'es pas beau à voir!
C'est dommage Vicky, lui dis-je. Sais-tu que Hélène est revenue.
Mais alors! interrogea Vicky.
Est-ce que tu l'aimes toujours?
Non! Elle est enceinte de quelqu'un d'autre.
Alors, demanda Vicky!
La terre va-t-elle cesser de tourner?
Oublie là!
Fais autrement ta vie!
D'ailleurs, je trouve que c'est bien pour toi. Sa perfidie va permettre à tes yeux de voir d'autres beautés.

J'étais dans un état piteux. Vicky me reprit avec l'autorité d'une mère qui redresse son fils:

Albert! Ne laisse pas le chagrin prendre le dessus sur toi. La rencontre d'une autre fille t'aidera à éloigner le souvenir devenu trop amer dans ton cœur. Il n'y a jamais eu une belle femme dont le visage est sincère. Ce n'est pas de la calomnie. Nous sommes toutes des voleuses des cœurs. Comme Hélène a brillé près de toi, elle brille maintenant près d'une autre personne. Sur dix femmes qu'a faites Dieu, les diables en corrompent neuf. Oublie-la. Panse ta blessure autrement et pense à ton avenir.

Vicky enchaina:
Oublies-tu que chez Joseph Mukandila il y a des filles bien élevées et d'une beauté sans égale? Je te rassure qu'elles ne sont pas corrompues par le diable. Va jeter un coup d'œil par là et tu m'en diras plus.

C'est alors que je revins à la raison. Évidemment, mon ami Célestin Mukandila avait une petite fille qu'on appelait Jolie. Chaque fois que je le visitais, Jolie venait à moi pour me saluer. Je l'amusais en l'appelant « fiancée ».
Elle n'avait que 10 ans et elle m'était très sympathique. Quand elle

grandissait, Jolie Misengabo était une très belle petite fille au visage rond. Elle ressemblait beaucoup à l'actrice italienne Apollia Stefanelli du film Le Parrain de Francis Coppola.

Sept ans s'étaient écoulés quand Vicky me rappela de son existence. Juste à me souvenir d'elle s'effacèrent les larmes du chagrin. Je galopais au lycée Sainte-Ursule où elle étudiait.

Malheureusement, on venait de disperser les élèves. Je me dépêchais désespérément comptant sur la chance pour l'apercevoir.

Accompagné d'un ami, nous avions surpassé un petit groupe des filles en uniforme. Elles rirent derrière nous. Une voix lit en scanda les lettres inscrites au dos de la chemise que je portais.

Je retournai le regard, et mes yeux reconnurent Jolie. C'était elle qui avait lu sur ma chemise! Je souris et tout le groupe s'esclaffa.

Jolie Misengabo était flambante dans son uniforme scolaire comme une rose printanière.

Ô prodige que même le soleil qui voit tout n'avait pas encore découvert. Je venais de voir derrière moi la plus belle femme du monde, une déesse de tout le temps!

Je connaissais les Mukandila pour avoir fréquenté le Collège Saint-Boniface avec leur garçon, Célestin Mukandila. C'était une famille composée essentiellement des filles, contraire- ment à la mienne. Toute la famille me connaissait.

Le père travaillait à la Gécamines, la principale société minière du Congo. Il s'appelait Joseph Mukandila et était aîné de mon père de deux ans. Il avait immigré au Katanga dans les mêmes circonstances que mon père.
Joseph Mukandila était un homme très discipliné et passionné d'animaux. Le destin voulut que la relation avec Célestin aboutisse à la rencontre de celle que mon cœur attendait.

C'était le mardi 8 juin 1982. Je me fis l'obligation d'aller revisiter la famille de mon ami Célestin sachant bien qu'il avait aménagé dans une autre province.

On m'accueillit comme un fils qui rentrait à la maison. Tout le monde voulait connaître ce que j'étais devenu, me harcelant des questions sans me donner le temps d'y répondre:

Albert! Où étais-tu passé depuis tout ce temps?
Albert! Pourquoi ne venais-tu plus nous visiter?
Albert! T'es-tu déjà marié?
Albert! As-tu vu comment ta fiancée a grandi?

Je souriais à ces belles femmes comme j'en avais l'habitude.

Ayant entendu les bruits devant la porte, ladite fiancée apparut et s'écria:
Je viens de voir ce garçon sur la route de mon école. J'ai même lu ce qui est écrit sur le dos de sa chemise.

Oh! Qu'ai-je fait?
Tout le monde éclata de rire.
Une des sœurs de Jolie lui dit:
Vraiment Jolie?
Tu ne te rappelles plus Albert?
Non, répondit-elle.
Ha! Fit l'une d'elles, peut-être n'est-il pas venu que pour toi?
Non! réplique Jolie. J'étudie encore.

Jamais le destin ne s'était fait accompagner d'événements aussi précis pour un aboutissement aussi heureux. Georgette-Jolie Misengabo était en sa 5ᵉ année pédagogique au Lycée Sainte Ursule. Elle était brillante et ambitionnait de devenir médecin. Elle en avait le potentiel. Son charme entretenu par des années passées loin de mon attention transpirait à mes yeux comme un champ des coquelicots. J'étais tenté de l'épouser à l'instant quand je l'avais vu me sourire.

Je revins un jour après lui parler seul à seul. Elle n'avait pas besoin d'argumenter pour prévaloir son opinion. À 17 ans, elle savait où elle cheminait. Son sourire de la Joconde était sa réponse.

Je l'avais présentée à mes parents sans attendre. Je ne voulais pas reprendre l'erreur qui m'avait fait perdre Hélène. « Chat échaudé craint l'eau froide », dit-on.

Mon père, comme ses contemporains, rêvait d'un Congo fort où il ferait beau de vivre. Malgré des années d'espoir déçu, il s'abstenait à croire que les choses changeraient.

En choisissant la date du 30 juin 1982 pour aller doter dans la famille Mukandila, son souhait était de me transférer son espérance. Il rêvait de me voir réussir autrement que par les affaires et évoluer dignement. Comme le jour de l'indépendance approchait, l'occasion était favorable pour un mariage traditionnel.

Le 30 juin 1982 tombait sur un mercredi. Nous étions attendus à 14h00. Joseph Mukandila était un maniaque de la ponctualité comme mon père.

Nous étions prêts à lever l'ancre, mais Fernand Tshibabala, le parrain de mon mariage traînait à venir. Il s'amena finalement avec une vingtaine de minutes de retard. Mon père était si furieux qu'il refusa ses excuses.

L'habitation de ma fiancée était à une trentaine de minutes de marche du Bar Kaseki. J'avais pris mes petits neveux et un ami pour nous accompagner. Nous avions trouvé les Mukandila prêts à nous recevoir.

Les familles étaient venues de Kipushi, de Kambove et de tous les quatre coins de la ville de Lubumbashi.

Georgette-Jolie était habillée d'une robe verte fleurie serrée à la taille par une petite ceinture. Elle était si rayonnante que je me suis dit: qui est celui-là qui n'aurait pas voulu être à ma place?

Je me jurai de faire d'elle l'unique mère de mes enfants à venir. La tradition de passation de la dot n'avait pas changé au fil des années. Les Baluba ont gardé leurs rituels malgré la délocalisation dans une société semi-industrielle.

Fernand, mon parrain de mariage, m'avait présenté à la famille Mukandila. Puis, mon père avait remis l'argent de la dot et les autres objets symboliques exigés.

D'autres biens, tels que le fusil, la radio, le sel, la bière étaient solennellement remis aux parents de Georgette.

Ma famille avait également offert une chèvre des ancêtres pour la bénédiction et une chèvre de la virginité destinée à ma belle- mère, de l'huile de palme et de la bière.

On ajouta des habits de la belle-mère et du beau-père. La famille de la mariée nous offrit ce qu'on appelle le Nzolu ya baku, (un poulet sur pieds) que nous devions consommer sur place.

Mon père avait mangé à lui seul le dintumbu, l'estomac du poulet. Le restant du poulet était soigneusement emballé et emporté dans un bol. Georgette et sa grande sœur Pascaline nous avaient raccompagnés avec le bol de viande jusque chez nous. Cinq mois plus tard, Georgette était venue habiter chez moi.

Nous nous sommes mariés religieusement, avec l'implication de ma mère, en 1985, dans une petite église catholique de la campagne à Kabalo. Nous avons eu beaucoup de moments de joie. Quelle ne fut notre jubilation quand nous avons eu notre première fille à Likasi en 1984? Joëlle Mutoba était la copie crachée de sa mère.

J'étais fou de joie quand je l'avais prise dans mes bras pour la première fois. Je ne savais pas si je devrais pleurer ou rire...

Le bébé me regardait comme si elle voulait m'identifier. Elle battait les paupières sur ses gros yeux comme des ailes de colombe.

Le bonheur d'être père pour la première fois n'avait rien à comparer avec la joie que j'éprouvais autrefois quand j'attrapais des oiseaux avec mon lance-pierre.

J'emprisonnai la petite fille dans mes frêles bras, priant Dieu d'être avec elle sur son chemin de la vie.

Georgette avait l'air de me sourire pendant que je la contemplais. Je lui dis: « Voilà! Tu as fait de moi un père. Je suis très fier de toi!''

Dieu nous donnera d'autres enfants: Steven, Stéphie, Gracia, Évodie et Angel. Les années qui passaient n'ont en rien entamé l'amour que je porte à Georgette.

À mes yeux, elle est toujours cette grande et mince fille douce que j'avais connue jadis. Son visage arrondi, son large front garni des sourcils bien dessinés, son teint clair n'a pas fané du tout. Sa beauté continue à frapper parce qu'elle brille ses lèvres et ses joues qui n'ont concédé aucune parcelle aux rides qu'on attendrait d'une personne dans la cinquantaine. Son regard non plus n'a changé.

Les doigts de Georgette continuent à m'indiquer le chemin en même temps qu'ils essuient les larmes de nos moments difficiles.

Oui, la vie ne nous a pas toujours épargnés: Son frère Célestin, qui fut mon ami, est mort juste après nous avoir visités à Mwene-Ditu en 1995, mon beau-frère Symphorien Mudiasa, le mari de ma sœur Alpho Ngalula, cadre au chemin de fer et professeur d'université est mort lui aussi…

Nous avions aussi assisté impuissants au départ prématuré de notre ami Léon Mukengeshay. Il était mort dans un accident de circulation.

Le revers de l'amour, c'est aussi le chagrin que l'on éprouve lors de la perte des êtres qui nous sont chers.

Page volontairement laissée vierge

CHAPITRE HUIT

La Contrebande Du Cobalt

La contrebande du cobalt était encore inconnue à mon arrivée à Tenke en janvier 1985. Il passait par la gare des rames des wagons ouverts chargés de tonneaux de cobalt à destination du port d'Ilebo dans le Kasaï sans que personne ne s'y intéresse.

Georgette et moi avions un bébé de quelques mois que nous n'avions pas encore fini d'admirer. Joëlle apprenait à saisir les objets de son proche voisinage. Elle mettait tout ce qu'elle attrapait dans sa bouche.

J'étais toujours pressé de rentrer à la maison pour jouer avec elle. Sans notre fille, Tenke nous avait paru l'un des endroits les plus ennuyants.

Pas de lieu de loisir, loin de tous mes amis, je languissais des journées entières dans cette localité rurale. Seuls les trains voyageurs apportaient un enthousiasme sporadique, puis la monotonie reprenait son rythme sur nos journées.

Ayant appris que je m'évertuais à changer de travail, la Direction générale écourta mon séjour pour m'envoyer à Kabalo, une autre zone rurale dans le sud- est du Katanga, un peu plus avenant que Tenke.

Il y faisait chaud à faire cuire un œuf. Heureusement que de temps en temps je pouvais me soustraire des moustiques et de la chaleur accablante en allant en mission à Kalemie et à Kamina.

Mes sorties me permirent de faire des amis dans les deux villes, mais aussi d'une manière inattendue sur place à Kabalo.

Je me souviens plus précisément de la rencontre avec un homme emblématique. Il s'appelait Laurent. Il venait de la ville portuaire de Kalemie, située le long du lac Tanganyika.

Kalemie était aussi mouvementée que New York. Des aventuriers de tout acabit fourmillaient sur ses côtes venant de toutes parts. La plupart étaient des politiciens corrompus qui s'étaient convertis en hommes d'affaires. Ils venaient blanchir leur argent de la honte en rachetant les produits vivriers qu'ils allaient revendre au Kasaï à prix d'or.

Les nuits étaient toujours mouvementées à Kalemie. Le flot d'argent déversé dans l'achat des poissons du lac et du maïs avait favorisé l'émergence du vol, de la corruption et du plus vieux métier du monde.

La classe dite moyenne des agents de la territoriale s'adonnait à la corruption pour survivre et vivre. Les actes de naissance, le permis de conduire et autres documents administratifs étaient trafiqués. La voie la plus facile pour les agents de la compagnie de chemin de fer était le monnayage des wagons. Les Arabes venus d'Asie pouvaient résister, mais pas des débutants comme Laurent qui n'avait pas encore un portemonnaie solide.

C'était la raison pour laquelle il s'était replié sur Kabalo. Laurent avait l'air d'un baroudeur. Trapu, les épaules carrées de boxeur, crâne dégarni, il côtoyait la gare de Kabalo avant mon arrivée. Il faisait un ou deux wagons de poissons et de maïs à chacune de ses descentes et allait les revendre au Kasaï par personne interposée.

Il ne passait jamais la nuit à Kabalo. Il faisait le nécessaire pour finaliser ses transactions et disparaissait.

J'avais fait sa connaissance le jour où mon chargé à la taxation lui avait exigé l'argent de corruption pour service rendu. Il ne pouvait tolérer que les tares de Kalemie s'implantent à Kabalo. Il était venu se plaindre à mon bureau.

Dès ce jour, à chacune de ses apparitions, il ne manquait pas de m'apporter un petit cadeau. Il m'avait une fois offert une belle montre dorée.

Laurent m'appelait toujours Ricky sans que je sache pourquoi. Il ne savait pas que lui aussi avait été surnommé Ming par les agents du chemin de fer à cause de sa ressemblance avec le chinois des aventures de Bob Morane.

On racontait tant des choses sur lui. Les langues pendantes laissaient courir des rumeurs qu'il aurait été un ami de Che Guevara. Ils auraient ensemble tenté d'évincer le Maréchal Mobutu, mais sans succès. Lui et son complice se seraient échappés de justesse.

Laurent boitillait parce qu'il aurait reçu une décharge de mitraillette dans sa jambe droite au moment de la fuite.

Nouvellement arrivé à Kabalo, je ne prêtais pas attention à tout ce qu'on racontait. Je n'avais pas de temps pour ces genres de discours. J'étais plutôt occupé à réorganiser le trafic ferroviaire miné par la légèreté de mes prédécesseurs.

Le défi était de taille au point où je manquais le temps pour moi-même. Avec nos horloges terriennes de 24 heures, je n'avais pas de temps pour ce genre de ragot. La sagesse m'avait appris à ne pas m'occuper de la vie des autres. Par ailleurs, à mes yeux, Laurent était si candide et inoffensif que je pouvais lui donner la communion sans confession.

Grande fut ma surprise lorsque deux ans plus tard j'ai appris que Laurent était à la tête des rebelles qui s'étaient emparés de la petite ville de Moba non loin de Kalemie.

Les images que la télévision diffusait authentifiaient bien que le chef des rebelles c'était Laurent Désiré Kabila.

Le Maréchal Mobutu réprima la rébellion, Laurent disparut. Je ne l'ai plus revu le reste de mon temps à Kabalo.

J'avais passé au total trois années dans la capitale des moustiques. C'était des années des tourments et des maladies. J'avais contracté seize fois la malaria.

Nous avions comme loisir la bière. Nous échangions autour d'un verre de bière jusqu'à des heures tardives. Quand je rentrais à la maison, je trouvais Georgette avec les enfants endormis.

Mon style de vie ne changea que lorsque j'avais contracté une maladie que je croyais être une malaria de plus.

Quand mon médecin constata qu'elle persistait malgré le traitement traditionnel, il m'avait envoyé à Kamina pour un dépistage complet. Il s'était ajouté aux symptômes la toux et la diarrhée. J'avais continuellement des maux de tête.

Les clichés montraient des ganglions au foie. Je me croyais atteint du sida même si je ne m'étais pas versé dans la débauche.

Miné et fatigué par la maladie, je décidai d'aller mourir à Lubumbashi près de mes parents.

En 1998, j'étais déjà père de trois enfants. Ma mère avait retenu ses larmes en me voyant si amaigri. Symphorien Mudiasa, le mari d'Alpho courut à mon secours... Il me recommanda chez son ami le docteur Sambwe.
C'était un monsieur frêle et plein d'humour. Il était enveloppé dans son blouson blanc et tirait tranquillement sa cigarette.

J'entrai dans son cabinet, accompagné par Georgette, avec la crainte de la confirmation de mes appréhensions.
Mais celui que j'étais venu voir s'était mis à rire. Il me demandait:
Albert! Dis-moi! C'est le sida?

Je ne savais que dire.
Il s'esclaffa de nouveau avant de me faire assoir sur un petit lit, puis il me dit:
Tire la langue.

Dr Sambwe tâta les ganglions des mâchoires, sous les aisselles et au niveau des pupilles et déclara sans hésitation:
Tu ne vas pas mourir!
Tu n'as pas le sida...
Il doit s'agir de la fièvre typhoïde.

Il se mit à m'expliquer comment il fut le premier à découvrir la fièvre typhoïde au Congo.

Elle a, disait-il, les allures du sida, mais les symptômes ne sont pas tous pareils. Dès qu'on l'attaque, elle se retire rapidement.

Il ajouta :

Tu es tout de même venu à temps.

La fièvre typhoïde pouvait te détruire les intestins.

En attendant de m'envoyer faire de plus amples examens, le médecin me remit des gélules de tétracycline :

Commence ta cure maintenant même ici. Tu vas éprouver un grand changement dès ce soir.

Nous sommes sortis du cabinet du Dr. Sambwe ragaillardis.

Je ne souhaitais plus rentrer à Kabalo pour découvrir d'autres maladies tropicales.

La commune rurale était au bord du fleuve Congo qui lui donnait un beau panorama, mais ce n'était pas suffisant. Ma santé et celle de ma famille passaient avant toute chose.

J'avais, certes, joui d'une visibilité sur le plan professionnel et politique, mais l'aménagement sanitaire décourageait. J'assistais à d'importantes réunions stratégiques et je représentais la DG aux cérémonies officielles. J'effectuais des missions de services qui rapportaient de l'argent.

Cependant, je me sentais tenu à l'écart de la culture mondaine. Je n'avais pas accès à la télévision et Georgette s'ennuyait beaucoup quand je partais en mission de service. Son cercle se limitait à des voisines beaucoup plus âgées qu'elle.

À la suite de cette fièvre typhoïde, je voulais quitter Kabalo. Il était devenu pour moi un véritable goulag russe.

Guéris, la bonne mine revenue, Georgette et moi sommes partis à Kipushi. Elle avait une cérémonie de mariage dans sa famille.

Je connaissais vaguement la coquette ville minière de Kipushi, mais Georgette y avait passé son enfance. Elle était très contente de retrouver ses vieilles amies.

J'étais pour ma part fasciné par les mines à ciel ouvert et le pittoresque Puits Cinq qui nous accueillait à l'entrée de la ville. Kipushi me donnait l'impression d'un séjour sur la planète rouge à cause de sa terre rougeâtre. J'étais immédiatement tombé en amour avec elle.

Ce n'était pas gratuitement qu'elle avait la réputation de merveille du Katanga. Son atmosphère candide me fit tellement du bien que les deux semaines passées sur son sol me fussent oublier toutes les peines endurées à Kabalo.

À notre retour à Lubumbashi, je trouvais une dizaine de messages de la DG laissés à mes parents. Joseph Tshikomba, le directeur des Transports, me demandait d'interrompre mon congé et d'aller immédiatement le rencontrer.

J'étais très inquiet, croyant que j'aurais laissé à Kabalo une situation qui se serait détériorée. La gestion de transport était pleine de surprises désagréables.

Je m'annonçais à la Direction générale sans attendre. Le secrétariat me demanda de patienter un petit moment. Au bout de quelques minutes, Joseph Tshikomba vint à moi. Il aimait m'appeler par mon nom de famille:
Bonjour Kazadi! Je pense que tu as eu du bon temps à Kipushi.
Oui, répondis-je
Peux-tu venir avec moi? Monsieur Straumann a besoin de toi.

J'étais si inquiet que je n'osais pas poser la question de savoir pourquoi je devrais rencontrer Mr Straumann.

Je suivis mon directeur comme un agneau que l'on amène à la pénitence. Personne au chemin de fer ne souhaitait rencontrer Freddy Straumann. Il avait la réputation de croc mort.

Freddy Straumann était directeur d'exploitation, soit la troisième personnalité de la SNCC. En tant que représentant des intérêts belges au chemin de fer, il était considéré comme le propriétaire de la compagnie.

Toutes les portes du Katanga et de la capitale lui étaient ouvertes. Chétif et chauve, dans la cinquantaine, Freddy avait le stylo facile. Il licenciait au moindre pépin.

Une fois qu'il apposait sa signature sur une décision, il était difficile de lui faire changer d'avis. Straumann m'avait déjà mis en garde quand je travaillais dans la gare de Tenke.

J'avais omis d'acheminer une citerne d'essence vide. Les citernes figuraient parmi les wagons prioritaires avec les voitures des voyageurs, les wagons de bétail et les wagons-trémies.
Je m'en étais sorti avec une mise à pied de deux jours grâce à un mensonge bien tissé.

C'était chez cet homme que Joseph Tshikomba me conduisait.
J'avais pourtant besoin de quiétude après avoir souffert de la fièvre typhoïde.
Le bureau de Straumann était au même étage que celui de son collaborateur.

Joseph Tshikomba et Freddy Straumann semblaient entretenir de bonnes relations. Ils se tutoyaient comme des amis. Freddy me salua à l'entrée du bureau et me pria de m'assoir. Il resta muet pendant un temps avant de lâcher avec une voix amicale:

Dis Kazadi!
Je crois que c'est toi la pièce recherchée.
Écoute, jeune homme! Tu vas nous aider à Kamina.
J'ai besoin de ton apport le plus tôt possible.

Straumann n'avait même pas attendu ma réponse. Ses désirs étaient des ordres. Il interrompait mon congé sans demander mon avis:

J'ai mis à ta disposition un fourgon qui va t'amener à Kamina demain soir. J'ai fait aménager pour toi un appartement à l'Hôtel de la gare. Je te proposerais de partir d'abord seul en attendant la réfection de ta résidence. De ces pas, dépêche-toi au bureau des Finances. On va te donner un chèque qui va t'aider à prendre soin de ta famille et de toi même. Félicitations et bonne chance dans tes nouvelles fonctions de ...

chef de zone de Transport à Kamina.

Il me tendit la main et me conduisit à la porte de son bureau. Tshikomba me tapota le dos et me félicita à son tour:
Bonne chance Kazadi! Nous comptons beaucoup sur toi.

Je pensais rêver. Je n'avais que cinq ans d'ancienneté et je me voyais désigné à occuper le poste des plus importants et prestigieux sur le réseau! Mon prédécesseur avait attendu 25 ans pour l'occuper.

Personne, à commencer par moi-même, ne pouvait croire le contenu du message signé par Straumann de sa main et affiché sur le babillard de la Direction générale.
Il était court, précis et clair:
« Note de service No …
Monsieur Albert Kazadi Tshakatumba est nommé comme chef de zone de transport à Kamina en remplacement de M. Évariste Mukengeshai.
Monsieur Joseph Kasongo Tshikomba, directeur des transports, est chargé de l'exécution de cette note qui entre en vigueur à la date de sa signature.
Fait à Lubumbashi le 4 juillet 1988. Signé,
Freddy Straumann Directeur d'exploitation

Mon père, pour avoir travaillé dans la compagnie, connaissait ce que valait le poste de chef de zone de transport à Kamina. Il ne pouvait pas me croire quand je lui annonçai la nouvelle de ma nomination. Il se sentait consolé dans ses ambitions d'avoir quitté son village pour le Katanga.
J'étais sa revanche sur ceux qui se moquaient de lui quand il avait repris le travail aux ATC.
Georgette, elle, avait fondu en larmes. Elle en avait déjà assez de Kabalo et voulait vider le lieu sans attendre. Nous quittions Kabalo, une commune rurale, pour une ville urbaine. La patience, l'intégrité, l'expérience et la loyauté avaient payé.

Kamina était la gare la plus importante du réseau ferroviaire. J'avais déjà travaillé dans les deux autres bifurcations du chemin de fer, Tenke et Kabalo.

Kamina avait la réputation d'être grand. La rencontre de trois lignes ferrées, la vingtaine de ses bretelles et ses nombreux culs-de-sac justifiaient sa majesté.

Dans le langage des cheminots, les directions étaient nommées en référence aux points cardinaux. Le Sud désignait la ligne en provenance de Lubumbashi, le Nord, la voie qui se dirigeait vers le Kasaï et l'Est, celle à destination de Kabalo et Kalemie.

La gare était reliée par des voies de desserte à la Brasserie Simba et à la stratégique base aérienne militaire de l'OTAN. Un chef de zone de transport, en dehors de sa double casquette d'agent technique et commercial, assistait à des réunions de sécurité. Il était appelé à veiller à l'approvisionnement régulier du carburant d'avion, des explosifs et autres matériels de guerre et vivre destiné à l'armée.

J'arrivais dans la gare en juillet 1988. Je fus accueilli à la descente du train par le responsable des relations publiques qui me conduisit à mon hôtel. J'avais mangé au restaurant du train et je n'avais pas faim. Juste le temps de me débarbouiller, je partis jeter un coup d'œil à la gare. J'escaladai les marches du bâtiment de la Régulation et trouvai le régulateur. Il était en train de composer la feuille de route d'un train de marchandises qui devrait partir incessamment. Je me présentai à lui :

Je m'appelle Kazadi et je suis le nouveau chef de zone de transport. Ne te dérange pas. Je ne fais que visiter.

Le lendemain matin, Évariste Mukengeshai me présenta au cours d'une réunion matinale. Il était impatient de partir terminer sa carrière à la DG. Le coordinateur des services, les autres chefs de services connexes et les agents responsables de la gare, tels que le chef de gare, le chef de station et autres, étaient présents à la réunion. Évariste aimait faire de l'humour. Il se leva et cria en me pointant:

Kamina, voici votre nouveau chef de zone de transport!

Et ce fut le rire généralisé. Je riais également. Cette présentation me rappelait le prologue des prétoriens romains quand ils présentaient l'empereur Claude:

Rome! Voici votre empereur!

Pour la petite histoire, du temps de Rome antique, un empereur était le principal dirigeant de l'empire. Octobre 54, après l'assassinat de

Caligula, les prétoriens avaient installé à la tête de l'empire Claude le fils de Drusus. Claude était timide, bègue et surtout boiteux. Or, dans le Monde des Romains, la boiterie des jambes ou de la langue était un signe de manque de contrôle de soi. Personne ne savait pourtant que Claude était un érudit, expert de la civilisation des Étrusques. Il fut l'empereur qui fit la conquête de la Bretagne (Angleterre actuelle) et de la Thrace, devenant le meilleur empereur de l'Empire romain.

J'avais ri avec tout le monde à la présentation de Évariste parce qu'on me jugeait également, comme Claude, par mon apparence. Personne ne pouvait croire que je survivrais. Mon allure prêtait à des préjugés. J'étais mince et très grand, avec l'air d'un aventurier. Au début de la trentaine, j'adorais encore me mouler dans des chemises cintrées comme un étudiant. Intérieurement, j'avais le caractère et le savoir-faire pour passeport et j'étais sûr de moi-même. Il faut aussi reconnaître que Kamina était mangeur des universitaires. Ils venaient remplacer Évariste quand il prenait ses congés annuels et partaient, la queue entre les pattes. C'était normal que l'on prédît mon devenir.

Évariste était le seul à me connaître. J'avais l'habitude de le consulter quand j'éprouvais des difficultés dans la gestion de mes carrefours des rails. J'étais si tenace et efficace qu'Évariste m'avait collé le surnom de kampanga nzevu, arbuste mince et flexible qui défie l'éléphant de la savane.

Mon baptême de feu ne tarda pas à venir. Deux jours après mon arrivée, je fus confronté à un véritable casse-tête. La gare recevait au même moment trois trains, l'un en provenance du Nord, un autre en provenance du Sud et un train venant de l'Est. Derrière chaque train, il y avait des circulations qui attendaient dans des gares de dépassement. La gare était déjà encombrée de nombreux wagons qui stagnaient depuis un bon moment. Je décidai d'interrompre mon repos pour me rendre dans la gare.

Il était environ 11 heures du soir. Je trouvais le régulateur et ses aiguilleurs désemparés, ne sachant comment résoudre le puzzle. Il y avait des locomotives qui sollicitaient le départ et tant d'autres réclamaient l'accès à la gare. J'apprenais encore à connaître la configuration de la gare. L'urgence de la situation m'obligeait à intervenir pour éviter le pire.

Je pris la carte de la gare et essayai d'identifier les voies libres et celles qui étaient occupées. Je montai personnellement à bord de la locomotive de manœuvre et fis place sur quelques voies. Puis, je réalisai ce que personne ne s'était imaginé. J'instruisis le régulateur à autoriser deux locomotives haut-le-pied à entrer dans la gare pour accoupler aux rames des wagons sur les voies principales et de vider le lieu vers leurs destinations. Ayant deux voies libérées, je pouvais autoriser deux trains d'entrer en gare. Uniquement une locomotive connut le retard, car elle devrait aider à faire des navettes entre les garages et la gare. Elle prit les rames de wagons abandonnés à l'entrée de la gare de Kamina. De cette manière, je désengorgeais la gare. Les circulations reprirent sans casses.

L'opération que j'avais personnellement supervisée m'avait coûté une nuit blanche. Le lendemain matin, avant que je rentre me débarbouiller à l'hôtel, je passai des heures à justifier l'exploit alors que tout le monde s'attendait à une catastrophe.

D'habitude, à la DG, les journées commençaient par une grande messe au Bureau de Cotraf (Contrôle de trafic). Les grands directeurs se réunissaient de bonne heure pour prendre la température du trafic.

Le premier coup d'œil était posé sur les graphiques des circulations à l'entrée et à la sortie de la gare de Kamina, le point névralgique de l'exploitation.

Les incidents étaient signalés en rouge. Les déraillements des trains et les dispositions prises pour le rétablissement rapide des circulations, les coupures d'électricité étaient passés au peigne fin.

Chaque directeur impliqué dans l'exploitation expliquait à Freddy Straumann les mesures prises pour résoudre les écueils survenus au trafic.

En tant que Directeur d'exploitation, Freddy Straumann dirigeait personnellement les réunions. Il scrutait de plus près la viabilité de la gare de Kamina à recevoir des trains.

Ce matin-là, j'étais mis à l'épreuve... Je devrais convaincre tout le monde que j'étais à ma place.

Straumann m'interpelait à la radio et tout le monde me suivait:

Kazadi! Je vois des multiples navettes sur le graphique des circulations. Peux-tu m'expliquer pourquoi?

Je me justifiais, le graphique et le plan de la gare en main:

M. Straumann!

La gare est encombrée de wagons! Je devrais en repousser pour créer de la place sur les deux voies du quai. J'en ai également ramené sur les voies de raccordement. Après avoir fait place dans la gare, j'ai laissé partir le train du Nord vers le Sud. Je devrais sacrifier une locomotive diésel pour reprendre les rames qui occupaient les voies d'entrée de la gare. Ce qui m'a permis d'expédier les autres trains sans occasionner de retard. Je dois reconnaître que l'équipe du soir était formidable!

Tout le monde m'a fait confiance et les consignes étaient suivies pour l'exécution des tâches. Ils ont tenu toute la nuit… C'est grâce à eux que j'ai évité la catastrophe.

Bravo jeune homme! Dis Freddy Straumann.

La messe finie, je descendis sur le chantier prendre la température des acheminements avant de rentrer à mon hôtel. Je compris pourquoi Kamina était « mangeuse » de ses gestionnaires.

L'autre face cachée de la gare de Kamina était la corruption. On avait à faire à des opérateurs économiques scrupuleux. Ils étaient prêts à tout pour faire passer leurs marchandises en premier.

L'argent circulait ici plus qu'à Kalemie. Les régulateurs et les machinistes étaient souvent sollicités.

Les opérateurs économiques les plus hasardeux courtisaient le chef de zone de transport avec des liasses de dollars. La tentation était forte... On pouvait gagner beaucoup d'argent en très peu de temps.

Je trouvais à Kamina des gens sans scrupule! Alors que Georgette venait juste d'arriver de Lubumbashi avec les enfants, un commerçant connu sous le nom de Vantraska passa à la maison lui remettre 2500$ soi-disant pour lui souhaiter la bienvenue. L'innocente belle dame prit l'argent et me le présenta à mon retour à la maison.

Je ne pouvais pas me fâcher contre elle. J'avais tout simplement versé l'argent dans le compte de la Compagnie, avec le libellé « don de Vantraska ».

Vantraska était puissant et avait des accointances dans la haute hiérarchie de la Compagnie. Il était le plus gros client de la Brasserie de Kamina et le principal importateur des produits pétroliers.

Certes, il avait droit à un traitement particulier à ce titre. Je désapprouvais seulement son comportement. Il avait habitué les cheminots à travailler sous la pousse des billets de dollars. Il ne tolérait pas qu'on lui résiste.

Ce fut une tâche difficile de le remettre sur le bon chemin et de lui faire comprendre de ne pas se mêler des affaires d'une compagnie respectable.

Tant bien que mal, j'essayais de remettre les choses en ordre. Je pouvais recevoir des bonifications des fermes et de la brasserie sans entacher ma réputation.

J'ai rencontré et fait connaissance avec différentes autorités politiques et militaires. Une fois, c'était le chef coutumier de l'empire Lunda, Mwata Yav. C'était un homme très intelligent avec une logique étonnante.

La personne qui m'étonna le plus était le chef spirituel Kadima. C'était un bel homme très courtois. Il était accompagné de sa femme, une métisse allemande, qu'il disait avoir reçue de son dieu.

Kadima se faisait appeler christ ressuscité. Ses adeptes croyaient en lui. Ils étaient d'ailleurs nombreux à son passage dans la gare de Kamina. Il partait pour Kananga, le siège de sa religion.

Je m'étais entretenu avec lui dans sa voiture pendant quelques minutes. Il était éloquent et j'avais compris comment il avait pu se faire autant des disciples dans le pays.

Les belles rencontres ne se faisaient pas que dans la gare de Kamina.

Comme j'avais également dans mes attributions la gestion des gares situées dans ma circonscription qui s'étendait de part et d'autre de la gare, entre Luena, Kaniama et Kabongo. J'effectuais aussi des contrôles de routine sur les trains des voyageurs.

Au cours d'un de mes voyages vers Mwene-Ditu, je fis une rencontre incroyable: une jeune femme m'avait aperçu sur le train et semblait me reconnaître, mais elle ne savait pas m'approcher.

Je prenais mon repas au restaurant du train. Elle passait et repassait, essayant de me dévisager. Je ne faisais aucunement attention à ses gestes non pas qu'elle n'était pas attrayante, mais par orthodoxie, je n'aimais pas mélanger mon travail avec les femmes.

Mon adjoint qui m'accompagnait finit par me faire remarquer l'attitude de la jeune femme. Nous fûmes quelques commentaires avant de parler d'autres choses. Mais voilà la jeune femme qui s'approchait et qui avec beaucoup de politesse demanda:

Je m'excuse, monsieur!
Êtes-vous Mr. Albert?
Je lui répondis à mon tour par une question:
Qui êtes-vous?
Pourquoi voulez-vous connaître mon nom?
Moi, dit-elle, je m'appelle Virginie, je suis la fille de Louis, un ancien ami de votre père.

C'est alors que je reconnus Virginie! Elle était devenue une grande et belle femme... Rien au monde ne pouvait me retenir de l'embrasser. Un adage bien connu dit qu'un amour bien né laisse des traces et c'est vrai.

La mission de contrôle s'était transformée en un voyage de villégiature sur le train. On avait tellement à se dire que le temps nous manquait.

À Mwene-Ditu, ville de destination, Virginie reviendra à mon hôtel le soir. Elle était l'unique fille du coin à rouler à moto.

Depuis qu'elle avait quitté le Katanga avec ses parents, je n'avais plus de ses nouvelles. Quel ne fut pas le plaisir de passer le temps ensemble à nous souvenir de notre idylle d'enfance? Il s'était réveillé en nous des souvenirs d'enfance comme la douleur d'une plaie mal cicatrisée. Les amourettes d'autre fois avaient émergé à un tel point qu'on resta la nuit ensemble à se raconter d'anciennes histoires et celles qui étaient arrivées après notre séparation.

Le lendemain, elle m'amena visiter sa mère. Son père était déjà décédé. Elle était également très ravie de me revoir après tant d'années. L'amour que Virginie me donnait n'était pourtant pas platonique. Je le comparais à celui dont parlait Paul dans son épitre aux Corinthiens. Il dit:

« L'amour est patient, il est plein de bonté, l'amour. Il n'est pas envieux, il ne cherche pas à se faire valoir, il ne s'enfle pas d'orgueil. Il ne fait rien d'inconvenant. Il ne cherche pas son propre intérêt, il ne s'aigrit pas contre les autres, il ne trame pas le mal. L'injustice l'attriste, la vérité le réjouit. En toute occasion, il pardonne, il fait confiance, il espère, il persévère ».

Nous étions enfants et nous étions heureux, Virginie et moi. C'était dommage que les circonstances de la vie eussent été ce qu'elles furent pour qu'on se sépare. Après tout, les plus grands amours de nos vies sont utopiques. Ils ne se vivent qu'au pays des nostalgiques.

Un autre moment inoubliable fut le jour où, en 1989, le PDG visita la gare de Kamina en mission d'inspection, accompagné de M. Joseph Tshikomba. Ils avaient reconnu mon apport sur le bon déroulement du trafic et, en guise de récompense, me proposaient de m'envoyer en formation à l'ESACC, École Supérieur des Cadres des chemins de fer de Brazzaville. Je suis parti en novembre 1990, laissant derrière moi Georgette et quatre enfants. Le bébé, Gracia, avait juste quelques mois.

En mon absence, Kamina sombra! La gare était devenue un casse-tête insoluble. M. Straumann était tenté d'interrompre ma formation et me faire revenir sur Kamina.

Je n'avais jamais dit que j'étais indispensable. Cependant, j'étais très utile et ma réussite faisait la fierté de mon père. Il avait quitté son village pour ce moment...

J'aimais Kamina comme Alphonse Lamartine adorait Paris. J'aimais fréquenter The County, un petit club privé non loin de la ville de Kamina. C'était un petit paradis de distraction qui offrait le sport équestre. On servait de la bière au restaurant-bar et il y avait des chambres d'hôtel.

Je le fréquentais en compagnie des amis militaires de la BAKA. Jean-Marie et Shemo étaient lieutenants dans l'armée. Ils m'avaient procuré une tenue militaire et un pistolet que je portais exclusivement quand nous étions ensemble.

Je tirais mon béret rouge sur le front pour éviter d'être dévisagé. Je me sentais en sécurité avec mes compagnons d'armes et nous nous amusions jusque tard dans la nuit.

Nous avions fréquenté The County le jour où son propriétaire avait été assassiné derrière nous.

Ses assassins avaient emporté la caisse et abattu ses chevaux. L'incident avait plongé Kamina dans la consternation. Depuis ce jour, The County n'avait plus ouvert ses portes.

La vie était devenue morose et il fallait s'inventer d'autres loisirs. Sporadiquement, Fabrice, un entrepreneur italien venu à Kamina pour construire l'Église Catholique Sainte-Anne passait me prendre pour une randonnée dans les fermes de Kiabukwa et du plateau du Haut-Lomami. Fabrice m'avait aidé dans la construction d'une maison proche de la résidence du président Mobutu. Georgette et moi aimions tellement Kamina que nous avions trouvé agréable d'y planifier notre retraite.

Quand mon père vint nous visiter en 1989, il ne restait plus que des travaux de finissage pour que la maison soit habitable. Il était si fier de nous voir prospérer.

CHAPITRE NEUF

Habemus Papam

Modeste Kazadi nous avait déjà visités quand nous vivions à Kabalo. Nous n'avions que deux très jeunes enfants, Joëlle et Steven Batiston.

Quand il s'invita à Kamina, Stéphie s'était déjà ajoutée à la famille. Les enfants étaient très excités de revoir leur grand-père. Celui-ci arriva un samedi du mois de juillet 1989.

J'étais à ma deuxième année dans la ville. Quelques-uns de mes amis s'étaient joints à moi pour l'accueillir. Il était très content de me voir vivre en bonnes relations avec les gens de mon milieu.

Une fois sa valise dans ma petite Renault12, nous avions pris la route vers notre résidence en passant par l'avenue de la Procure.

Toute la famille était heureuse de l'accueillir. Georgette lui a présenté la maison, puis sa chambre.

Après avoir pris son bain, il nous a demandé de le laisser se reposer en attendant le souper.

Ce soir-là, j'ai vu dans ses yeux une vraie satisfaction, un peu comme La fierté d'un peintre qui a vu son œuvre d'art sortir de son imagination et qui arrive au stade où, détachée du chevalet, il est exposé dans les vitrines du musée.

Interrompant ses conversations avec les petits enfants qui en même temps qu'ils parlaient sautillaient sur ses genoux, je demandais à mon père s'il pouvait nous accompagner à l'église le lendemain.

Tu sais bien que je ne rate jamais une messe, Albert, me répondit-il. D'accord, lui dis-je.

Le commandant de la ville nous a demandé d'accompagner ses deux enfants au baptême. C'est une très bonne chose. Je serai avec vous.

Nous habitions dans une belle maison au coin de l'avenue Mgr. Malunga et l'avenue de la Procure, non loin de la paroisse Saint-Michel. Quand Léon Ngoie, le clocher et intendant de l'Église Saint-Michel, sonnait sa cloche, l'écho résonnait dans notre maison.

Nous étions parmi les fidèles appelés et qui ne manquaient jamais la messe du dimanche. La fréquentation de l'église était une de nos valeurs familiales depuis notre jeunesse, aussi bien Georgette que moi-même. Notre assiduité était tellement remarquée que la femme du commandant de la ville, le colonel Bagaya, nous avait proposé de parrainer leurs jumeaux candidats au baptême.

Le matin venu, je me précipitai à la gare verifier le déroulement des passages de trains. C'était ma routine de tous les jours.

Quand je suis rentré, Georgette avait déjà apprêté les enfants. Cravate bien nouée, chapeau noir à la tête, Modeste Kazadi était également prêt pour l'église.

Nous n'avions pas besoin de nous engouffrer dans la Renault: Saint-Michel était juste à côté de notre résidence.

Au fur et mesure que nous nous approchions de la paroisse, mon père s'était mis à admirer son architecture comme les disciples de Jésus contemplaient le temple de Jérusalem. Il me fit remarquer qu'elle était mieux construite que l'église Saint-Martin de la Katuba.

En effet, Saint-Michel était bâti avec des petites briques rouges selon la dogmatique modèle de Charlemagne qui en plus voulait qu'il y ait non loin de l'église un hôpital et une école pour accompagner une œuvre religieuse.

De la façade montait un clocher d'une dizaine de mètres. La paroisse avait de grandes fenêtres qui laissaient passer la lueur du jour à son intérieur. Ce qui fait qu'elle était éclairée sans l'apport d'une lumière artificielle.

Sur les marches et devant les portes d'entrée de l'église, les policiers attendaient avec impatience l'arrivée du major Bagaya et ses enfants.

Il y avait déjà du monde à l'intérieur à notre arrivée. Je présentais Modeste à tout le monde, y compris à Léon Ngoie, l'intendant de la paroisse.

Une fois la cérémonie de baptême finie, nous nous sommes séparés avec les Bagaya. Les enfants étaient fatigués.

De retour à la maison, sous la véranda de la maison, mon père se mit à nous raconter les nouvelles de la famille à Lubumbashi. Nous fûmes interrompus par l'arrivée sur sa bicyclette de monsieur Léon Ngoie.

Léon était aimé de tous les paroissiens. Ils le considéraient comme un membre de leurs familles biologiques. Il était un homme très social qui aimait visiter les gens de sa communauté.

Je compris que c'est dans ce cadre qu'il venait chez moi pour la première fois. Il demanda un verre d'eau fraîche avant de parler à mon père.

Mon père se présenta à lui et lui dit qu'il était venu de Lubumbashi pour visiter ma famille.

Léon lui dit: « Tout le monde dit du bien de votre fils, il est généreux et très serviable. Mais, ôtez-moi d'un doute, Mr Kazadi, l'impression de vous avoir déjà rencontré quelque part… »

« Je ne sais pas, répondit mon père, c'est la première fois que je visite Kamina ».

La conversation se poursuivant, mon père lui demanda s'il y avait une autre église catholique à Kamina.

Non! répondit Léon Ngoie. Mais il y en aura une; elle est en construction.

Depuis qu'il avait posé à mon père la question de savoir s'ils s'étaient déjà vus, Léon Ngoie donnait l'impression de quelqu'un qui continuait à s'interroger.

Il frappa fort lorsque subitement il demanda: « Modeste, connaîtrais-tu une femme du nom de Marie Mutoba?

Mon père écarquilla les yeux en même temps qu'il dévisageait Léon Ngoie: « Qui êtes-vous, cher monsieur? Marie Mutoba dont vous parlez c'est ma femme, la mère de Kazadi, ici présent. »

Léon se mit aussitôt à pleurer. Et je me dis: « C'est quoi encore ce mystère? »

Qui êtes-vous, insista mon père…

Au bout de cinq minutes qui me parurent une éternité, Léon Ngoie arrêta son sanglot et se mit à prier, me rappelant Zacharie.

Béni soit le Seigneur, le Dieu d'Israël, qui visite et rachète son serviteur. J'ai aujourd'hui aussi une famille comme tu l'avais promis par la bouche des saints, serment juré à notre père Abraham. Maintenant, laisse ton serviteur s'en aller, car j'ai vu le sang de mon sang.

Que la gloire te revienne.

Amen!

« Moi, finit par dire Léon Ngoie, je suis un frère de Louis Kambemba, le père de Marie Mutoba. Personne de ma famille n'est au courant de mon existence. Tout le monde me croit décédé depuis belle lurette… »

Léon était arrivé à Kamina au moment où l'on brûlait dans le four les premières briques qui allaient servir à la construction de la paroisse Saint-Michel.

Il avait en ce temps rencontré mon père sur le chantier. Mon père était cet ouvrier de trop que l'entrepreneur avait recommandé à monsieur Henry Diels à Lubumbashi.

D'ailleurs, mon père s'était présenté à lui et lui avait dit qu'il venait de Kaseki ou il avait été un égorgeur au service du roi Kaseki.

Léon Ngoie n'avait pas oublié le nom de mon père. Quand il apprit que la fille aînée de son frère avait été épousée par un certain Modeste Kazadi, il était persuadé qu'il s'agissait du jeune homme qu'il avait rencontré sur le chantier à briques.

Depuis ce temps lointain, Léon n'avait pas quitté Kamina. Il était resté et avait aidé à la construction et à la pose de la charpente de l'église et des autres bâtiments de l'ensemble de la paroisse. Une fois la construction achevée, Léon est resté au service de l'Église. Il cuisinait pour les prêtres et entretenait le jardin de la paroisse. S'il avait reconnu mon père, disait-il, c'est parce que Modeste avait gardé son teint et ses traits de jeunesse.

Les deux hommes s'étaient mis à se rappeler leur aventure sur le sol de Kamina. Je ne connaissais rien de l'incident de l'ouvrier de trop sur le chantier des briques.

Mon père nous rappela les circonstances de son aventure sur le site de la paroisse Saint-Michel.

Je compris pourquoi il posait tant de questions sur l'existence de la paroisse. Il revint sur son départ de Kaseki, il raconta certains événements dans sa vie.

C'était émouvant de l'entendre raconter ses débuts sur la terre du Katanga. À partir de ce moment, je compris l'importance qu'il y avait de mettre par écrit le récit de vie de mon père. L'histoire extraordinaire d'un jeune homme qui avait décidé de se façonner un avenir qui allait être une des histoires jamais imaginées!

Le livre n'était pas encore écrit, mais les titres se disputaient déjà dans ma tête: L'égorgeur du roi ? Les aventures d'un égorgeur, Et vint le dernier égorgeur…

Je me disais qu'il fallait que je mette en exergue la révolution du palais provoquée par Modeste Kazadi, mais en même temps je me disais que penser déjà au titre risquait de me limiter dans mes commentaires.

Léon Ngoie, par ses souvenirs, contribuera à la rédaction du récit. Il reviendra nous visiter régulièrement même après que mon père fut de retour à Lubumbashi.

Un jour, un paroissien me fit parvenir une invitation du curé de la paroisse. Celui-ci voulait me rencontrer de toute urgence. Je me dis qu'il devait se passer quelque chose dans la vie de Léon.

En fait Léon était malade… Il agonisait seul chez lui. Léon n'avait pas d'enfant, car il ne s'était jamais marié. Georgette et moi sommes restés à son chevet jusqu'à son dernier souffle.

Le médecin de l'hôpital l'avait retourné à la maison sur sa demande. Il souhaitait mourir entouré de sa famille qui ne comptait que deux personnes: Georgette et moi.

Léon Ngoie mourut au petit matin un jour du mois d'octobre 1989. Dieu avait reçu sa prière: il n'est pas mort seul, moi, son petit-fils, j'étais présent.

Toute la communauté catholique de Kamina avait accompagné Léon Ngoie à sa dernière demeure.

Ma mère n'aura jamais eu la chance de revoir son oncle. J'étais fier d'avoir apporté à Léon Ngoie un peu de joie et du sens de la vie.

Les autres pièces de puzzle de l'histoire de notre famille, je les trouverais dans ces notes dénichées plus tard dans les affaires de mon père.
Je les partage avec son autorisation, tel qu'il les avait lui-même disposées, bien-sûr après les avoir traduites en français.

Je m'appelle Modeste Kazadi Tshakatumba et je suis de Bena Kaseki bakwa Tshisaü bena Mukeba. Mon village est situé dans l'ancienne province de Lomami.

Cette province comprenait trois secteurs à ma naissance le 1er juillet 1924. Il y avait le secteur de Baluba Shankadi, celui de Ngandajika et celui de Tshiyamba et deux chefferies, la chefferie de Bakwa Mulumba et celle de Bena Kalambayi.

Le secteur de Tshiyamba, celui de mes parents, comptait neuf chefferies: les Bena Kafumbu, les Bena Kanyana, les Bena Luanga, les Bena Manda Masengu, les Bena Manda Mbaya, les Bena Mpiana, les Bena

Mpiana Mukala, les Bena Nsona et le Bena Kaseki, le nôtre.

La chefferie de Bena Kaseki était politiquement constituée de groupements claniques indépendants les uns des autres appelés bifuku. Mon père, Mutombo Menda, était du bifuku de Bena-Lubilanji.

La chefferie de Bena Kaseki était la plus vaste. Elle se situait à l'extrême Est de Tshiyamba et était limitée au Nord par la chefferie de Manda Kalenga, au Sud par Manda Mbaya et la rivière Lusema, à l'Est par la rivière Lualu et à l'Ouest par la cité de Ngandajika.
Mes parents, mes grands-parents, toutes les générations avant moi, ont vécu et ont été enterrés à Kaseki. Je n'ai pas une connaissance profonde de mon arbre généalogique, mais j'avais noté les noms de quelques-uns d'eux. La tradition orale renseigne que mon plus lointain ancêtre connu s'appelait Mwamba Mwanza Nkongoko. Il avait beaucoup d'enfants. Son aîné Kabangu serait le fondateur de notre entité de Bena Kaseki, probablement au 16e siècle. Kabangu engendra Tshinzela Mukeba et ce dernier enfanta Mwamba Kalenga.

Le fils aîné de Mwamba Kalenga s'appelait Mutombo qui fut le père de Ngoie wa Mutombo. À son tour, Ngoie wa Mutombo engendra Kalonda Mwa Nkoka qui fut le père de Mukeba.

Les enfants de Mukeba sont Kasamba, Nkongolo, Kabongo et Makanda. Makanda sortit et alla bâtir loin de sa famille. Il est connu comme l'ancêtre des Bena Kaseki Bakua Tshisao, notre ethnie.

Le fils aîné de Makanda s'appelait Kaboza Kela Katwa. Kela Katwa signifie un couteau tranchant.

Les enfants de Kaboza Kela Katwa sont Kazadi Mwana Nsapu, Mutombo Mangada et Mwamba Mulangu.

Mwamba Mulangu est le père de Kazadi Tshakatumba, mon ancêtre le plus proche.

Kazadi Tshakatumba engendra Mutombo Menda wa Bahanda Banayi (à partager en quatre) qui est mon père.

Mutombo était marié à trois femmes, Ndaya, Kabole Mwa Mbaya et Ngoya. Sa première femme, Ndaya enfantèrent Greg Mbwebwe et Anastase Kaboza. Kabola mwa Mbaya, la deuxième, engendra Casimir Mutombo, moi, Modeste Kazadi Tshakatumba, Armando Nyengele, et Masangu. De sa troisième femme, Ngoya, Mutombo eut Albert Kahompa et Ndaya.

Kabola Mwa Mbaya eut deux autres enfants, après le décès de Mutombo, de son mariage avec le fils de Ndaya, Anastase Kaboza.

Moi, Modeste Kazadi, Dieu m'a béni avec dix enfants de ma femme Marie Mutoba et deux de ma deuxième femme Albertine Tshiongo. Mon deuxième fils avec Marie s'appelait Alexandre Mutombo. Il est décédé très tôt.

Autrefois dans mon village, le chef était un monarque divin. Il était également un leader spirituel et un chef politique. Il avait un échanson ou un goûteur qui était chargé de le servir à la table. Il testait et vérifiait si les aliments étaient consommables et avaient un bon goût avant de les présenter au roi.

Avec le temps, le rôle du goûteur avait évolué. Il égorgeait les bêtes dans la cour.

L'art de l'égorgement s'apprenait. Il recommandait que l'égorgeur le maîtrise à fond et que, avant tout, soit lui- même un bel homme agréable au roi.

Nos ancêtres tenaient au respect de la dignité des bêtes qu'on abattait. Pour eux, la qualité de la viande en dépendait. Ce qui faisait de l'égorgeur une personnalité honorable dans la cour du roi.

La succession dans le rôle d'égorgeur n'était pas fermée comme ce fut le cas avec les chefs coutumiers.

Cependant, les familles qui avaient déjà fourni un égorgeur avaient beaucoup de chance d'en engendrer d'autres aux rois.

Les Bena Kaseki Bakwa Tshisaü étaient dans ce cas privilégiés. Les notables du roi attendaient de notre clan de fournir un égorgeur au roi. La succession se faisait sans beaucoup de problèmes et la passation du couteau de l'égorgeur était toujours assurée.

J'ai été moi- même héritier du couteau de l'égorgeur du roi. D'après la tradition orale, on raconte que la première personne connue comme égorgeur du roi serait Mwamba Mwanza Nkongolo. On parlait d'un bel homme aux cheveux noirs ondulés.

D'aucuns n'hésitaient de l'appeler mumpela (mon père) en référence aux pères blancs parce qu'il avait la peau très claire. On disait qu'il avait toutes les couleurs d'arc-en-ciel sur son corps, sauf le rouge, raison pour laquelle on l'avait surnommé Mwamba Mwanza Nkongolo.

Pour acquérir le rouge qui le manquait, Mwamba aimait colorier ses lèvres de sang des animaux qu'il égorgeait.

Les notables avaient apporté Mwamba Mwanza Nkongolo dans la cour pour immoler les bêtes du roi et goûter ses mets.

Un jour, il y avait une fête dans le village. Mwamba Mwanza Nkongolo avait égorgé pour le chef un porc épique. Après avoir goûté le mets au porc épique, Mwamba avait fini par consommer tout l'aliment! «La cuisine, disaient nos ancêtres, c'est comme l'amour. Dès qu'on a goûté ce qui est bon, on invite la gourmandise ».

Mwamba Mwanza Nkongolo s'inventa un stratagème et tua le roi Kaseki. Il alla se cantonner aux environs du lac Boya, dans le sud-est du Kasaï, près de Sanga Lubanga. C'est là que Mwamba fonda son royaume.

La tradition ne s'était pas arrêtée pour autant, car il y eut, après Mwamba, une génération d'égorgeurs jusqu'à mon père Mutombo Menda. Je l'accompagnais dans ses sorties quand il allait répondre à des invitations en dehors de Kaseki.

Mon plus mémorable souvenir fut le voyage que nous avons effectué pour le renouvèlement du Pacte de Tshiyamba à Bena Mpiana.

C'était sous le règne du chef Mpoyi Mitondo Mukuna Mule. Le pacte de Tshiyamba nouait la solidarité de bienveillance mutuelle entre chefs coutumiers de cinq tribus dont Mpiana, Nsona, Kanyana, Mande et Kaseki.

Une jeune fille albinos avait été mise à terre au croisement des chemins pour solidifier le pacte. Tout le corps était enfoui sauf la tête.

Mon père immolait les chèvres pendant la cérémonie. J'étais l'unique enfant autorisé. J'aidais mon père à apporter de l'eau pour nettoyer la viande qu'il dépeçait. Le sang coulait dans mes mains comme de l'eau. J'avais fini par trouver amusants les beuglements des chèvres.

Mon père m'enseignait les techniques d'abattage des bêtes, parce que j'étais celui qui allait le remplacer. Le chemin de succession était long, mais jusque- là, il n'avait posé aucun problème.

Un premier-né susceptible d'hériter des taches d'égorgeur du roi était souvent désigné du vivant de l'égorgeur sortant. Il était entraîné à temps aux techniques de l'égorgement.

Cependant, la succession était devenue problématique quand mon père Mutombo Menda égorgeait pour le roi Kaseki.

Ndaya, sa première femme, enfanta d'un enfant balafré. Il s'appelait Greg Mbwebwe. Son défaut corporel était tel qu'il ne pouvait pas succéder à Mutombo Menda.

Il était également très sombre, contrairement aux exigences des notables. Un égorgeur du roi devrait être clair de peau. Ils donnèrent néanmoins une autre chance à Ndaya.

Mais malheureu- sement, celle-ci traînait à concevoir un autre enfant. Greg Mbwebwe eut 4 ans sans que les choses ne s'améliorent chez Ndaya. Elle devenait très inquiète.

Dans le village, tout le monde lui en voulait. Sa situation fut débattue à la cour du roi et les notables pressèrent Mutombo Menda à prendre en mariage une deuxième femme.

Elle s'appelait Kabole Mwa Maya et était la petite sœur propre de Ndaya.

L'histoire de l'arrivée de Kabole dans la famille de Mutombo Menda se passa en 1920.

Tel qu'elle m'avait été rapportée, elle était survenue au crépuscule d'une journée bien tranquille alors que le village languissait dans son habituelle monotonie.

Les éperviers tournoyaient dans le ciel à la recherche des poussins maladroits comme d'habitude.

Les moineaux disaient au revoir au gros et majestueux soleil rouge pâle du soir.

Les odeurs des cossettes de manioc que les femmes rentraient dans les cases dégageaient leur parfum nauséabond.

Les chèvres ruminaient encore aux alentours des cases en attendant d'être aiguillées.

Les poules, très disciplinées, se précipitaient dans leurs poulaillers. Seul traînait dans la cour de Mutombo Menda son petit coq multicolore. Mon père l'aimait non sans raison et lui avait donné le nom de Zaki.

Tout à coup, on entendit un bruit comme celui d'une calebasse fracassée. Tout se passa très vite. Greg tétait, assis sur les cuisses de sa mère.

Subitement, Ndaya l'arracha des mamelles et le déposa sur la natte. Elle courut vite en poussant des cris.

Menda sortit de la case à l'entente des cris de sa femme. Il croyait qu'un épervier avait subtilisé un poussin.

L'instinct de protection de la volaille était très développé chez les villageois. Ce n'était pas le cas.

Des visiteurs inattendus arrivaient dans le village. Il s'agissait de Joseph, le frère aîné de Ndaya, accompagné de sa petite sœur Kabole et d'un mulami, berger de l'Église catholique de bena Kalambayi. Ils venaient au secours de Ndaya qui était mise en cause parce qu'elle ne pouvait pas fournir un héritier égorgeur du roi à son mari.

Mutombo Menda et Ndaya reçurent leurs hôtes avec empressements sous le manguier devant la case. À peine installés, Joseph et le mulami demandèrent de parler à Greg Mbwebwe.

Ndaya leur apporta Greg qui traînait sur la natte et le présenta aux visiteurs. Joseph le considéra avec attention comme le ferait un marchand d'esclaves et dit à l'enfant:

Greg, je suis ici à Kaseki à cause de toi. Personne dans ce village n'est content de toi. Ton père se fait vieux et ta mère ne peut pas concevoir un autre enfant.

Et pourtant, il y a ici tout un peuple qui attend. Pourquoi ne veux-tu pas laisser la chance à ta maman d'avoir un autre enfant?

Greg ne comprenait rien de tout ce qui se passait à son Nuremberg. Il ne pouvait faire rien d'autre qu'acquiescer de la tête. Il ne comprenait pas pourquoi on l'accusait, pourquoi on lui reprochait de ne pas être beau.

Le procès de l'enfant se faisait en présence de ses parents. Seule Kabole compatissait. Toute son attention était focalisée sur le pitoyable petit enfant de quatre ans qu'on accusait. Elle reprit l'enfant des mains de son frère aîné:

Viens avec moi, Greg, dit-elle.

Elle s'éloigna en souriant à Greg. Elle tira avec sa bouche une sempiternelle morve qui traînait dans son nez et effaça les sillons des larmes.

Greg semblait rêver. On pouvait aussi l'aimer. Il voulait dire à Kabole qu'il l'aimait beaucoup. Mais, comme tout le monde croyait qu'il ne parlait pas, Greg garda le silence. Il se demandait sans trouver une réponse pourquoi il n'était pas aimé.

Au cours de la petite réunion de famille improvisée sous le manguier, Joseph chargea Greg Mbwebwe de tous les péchés du village.

Il en voulait aussi à sa mère. Ndaya écoutait son frère, l'échine courbée de honte.

Puis, Joseph présenta Kabole à Mutombo en disant:

Kabole Mwa Mbaya! Voici Mutombo Menda wa bahada banayi!

C'est ton chef.

As-tu compris?

Tu lui dois respect et soumission.

Menda est une très grande personnalité ici et dans tout le Tshiyamba. Tu comprends? Nombreuses sont les jeunes filles qui rêvent d'être à ta place. Tu as de la chance. Je vais aussi ajouter que ce n'est pas parce que tu vas boire à la même source que ta grande sœur Ndaya que tu vas te prévaloir d'être son égale. Fais attention. Tu dois la respecter comme ta mère.

Kabole ballottait la tête. Elle n'avait aucune chance de placer un mot. La coutume est dure, mais c'est la coutume.

En fin de compte, Joseph se tourna vers Menda:

Mutombo Menda!

Je pense que Kabole te fera une grande progéniture.

Moi, je ne peux pas rester longtemps ici chez toi. Bientôt, la première pluie va tomber. Je dois vite rentrer chez moi pour faire le champ. Mais, avant de partir, je voudrais voir Kabole enceinte. Il te faut un autre enfant.

Menda était méditatif. Derrière sa pipe qu'il tirait pour calmer sa nervosité, seule la bouffée de fumée qui en sortait pouvait exprimer son état d'âme. En son for intérieur, il appelait la nuit à venir rapidement pour commencer le travail de procréation. Les notables avaient besoin de son successeur comme égorgeur du roi. Lui seul avait la chance d'enfanter un bel enfant parce qu'il était le plus bel homme du village.

Blotti dans la petite poitrine de Kabole, Greg humait l'arôme naturel de virginité de sa tante. Il craignait qu'elle le mélange à l'odeur de sang pourri de son père. Il s'inquiétait en se disant intérieurement:

Pauvre tante! As-tu vraiment accepté de prendre mon père en mariage?

Kabole sentait l'amour, la patience, la limpidité d'un cours d'eau. Dans ses bras, l'enfant pouvait enfin dormir de longues heures.

En revanche, Greg n'aimait pas s'approcher de son oncle Joseph à cause de son odeur. Il puait comme un champ de tabac.

Greg avait un autre gros problème dans son cœur, il croyait que le moment pour le voir se dénouer était venu. Dans la basse-cour de son père, il y avait un coq qui lui donnait à passer un temps difficile.

Le poulailler de Mutombo Menda était aménagé dans une petite entaille derrière la case. La mère de Greg y élevait des chèvres, des perdrix et des poules. Menda y avait apporté un petit coq pour la fécondation des poules. Il l'avait surnommé Zaki.

Le petit coq avait un très beau plumage. Doté par la nature d'un bec jaune retroussé comme celui d'un aigle, ses plumes brillaient au contact des rayons du soleil. Sa crête était rouge comme du feu.

Il faisait peur aux autres animaux de la basse-cour qui le percevaient comme une boule de feu.

Zaki traînait ses petites bottes jaune d'or dans toute la cour. Il les posait impunément sur les étalages des maniocs et du maïs destiné à l'alimentation et personne n'osait l'arrêter.

Les poules passaient pour ses victimes et non pas ses concubines. Zaki les montait et éparpillait leurs plumes juste pour son plaisir. Malgré les châtiments qu'il leur faisait subir, les poules continuaient à courir derrière lui.

À la tombée de la journée, alors que toutes les bêtes entraient d'elles-mêmes, Zaki se faisait attendre. Il ne se hâtait que pour se mettre à l'abri de la pluie. Menda chérissait Zaki plus que son propre fils.

Greg haïssait le petit coq qui lui avait volé l'amour paternel. Il lui arrachait tout ce qu'il tenait dans les mains pour manger sans que son père n'intervienne. Ndaya n'osait pas approcher Zaki. Quand elle essayait de protéger son fils, le coq, entêté par l'amour que son mari lui donnait, sautait sur elle au risque de la défigurer.

L'enfant rêvait de voir ce petit brimborion disparaitre de la cour de ses parents. Avec la visite de son oncle et la venue de Kabole, son père se voyait contraint de sacrifier son coq.

Les protocoles ancestraux étaient qu'on accueillait un visiteur de marque en lui offrant un coq, et pas une poule. Cette fois, le destin de Zaki était décidé.

Le coq semblait pressentir l'enjeu du moment et n'osait plus approcher son maître qu'il affectionnait habituellement. Mutombo Menda l'appelait, au lieu d'aller vers lui, Zaki fuyait. Il décida alors de lui faire la chasse.

Les enfants du village se joignirent à lui pour attraper le petit coq. La chasse ne dura pas longtemps. En bon chasseur, Mutombo Menda sauta au-dessus d'une haie et accrocha Zaki dans les ailes.

L'aventure du petit coq jaune s'estompa. Il était essoufflé. Les enfants huaient sur lui au moment où Menda l'apportait pour l'égorger.

Greg se réjouissait de voir la fin de règne de celui qui le torturait. Zaki n'avait que les abruties poules comme avocates qui compatissaient sur son sort. Elles croissaient comme pour réclamer l'affranchissement immédiat du père de leurs rejetons.

La joie de Greg fut intense. Il suppliait son père d'égorger le coq le plus vite possible. Il eut même le culot de toucher sa crête qu'il croyait également être du feu et ne brûla pas.

Il se dit: Espèce de babiole! Je croyais que tu portais une boule de feu sur ta petite tête. Nous allons aujourd'hui manger ta chair. Je vais demander à ma mère de te cuisiner à la moamb, la patte d'arachide.

Greg bondissait de joie en voyant son père aiguiser son couteau d'égorgeur. Malheureusement, son oncle Joseph vint l'interrompre dans son activité: Mutombo Menda! Laisse Ndaya s'occuper du coq. Il y a plus sérieux à débattre.

Menda n'avait pas hésité. Il transféra Zaki à sa femme tout en gardant son couteau, car le couteau d'un égorgeur de roi était sacré.
Il prit son fils et s'éloigna avec lui sur demande de son beau-frère Joseph.
Greg voulait pourtant assister à l'égorgement de Zaki. Il se consola néanmoins sachant que sa mère était la pire ennemie du coq. Il croyait même que Ndaya l'exécuterait plus que ne l'aurait fait son père. Il souhaitait voir sa mère plonger sa tête dans de l'eau chaude pour lui faire payer tous les maux qu'il leur avait fait subir.

Méditatif, Greg finit par s'endormir pendant que son oncle et son père parlaient des choses qui ne l'intéressaient aucunement. Il fut réveillé le matin par un cocorico plus allongé que d'habitude.

Sa mère dormait encore. Son père n'avait pas passé la nuit avec eux dans la même case. Il avait passé la nuit dans la case d'à côté avec Kabole Mwa Mbaya.

Greg semblait rêver. Il se leva de la natte et alla vérifier à la porte, sachant qu'il n'y avait qu'un seul coq dans la cour de ses parents. Il vit Zaki picorer les graines.

Le coq n'osa même pas le regarder. Il lança plutôt un long cocorico pour le narguer. Il semblait qu'il voulait dire à son ennemi qu'il était immortel.

Greg pleura. Il en voulait à sa mère qui a eu pourtant le destin du petit coq dans les mains.

Greg apprit que Zaki avait été troqué par le chef Kaseki contre un bon bouc. Il trouvait que la petite chair du coq était insuffisante pour des invités de marque. Mutombo Menda l'avait égorgé nuitamment pour l'offrir à ses hôtes.

Il avait fallu, longtemps plus tard, en juillet 1922, pour que la justice du ciel intervienne. Un virus appelé pseudopeste aviaire venu de Ngandajika avait atteint le village. Toutes les volailles de Tshiyamba étaient infectées.

On vit Zaki s'afficher en manteaux d'hiver. Les autorités territoriales préconisaient l'abattage de la basse- cour une fois qu'un individu était atteint.

Mutombo Menda essaya de protéger son coq doré, mais en vain. Il était connu de tout le monde et le vétérinaire blanc voulait le calciner personnellement. Zaki fut tué avec les autres poules de la basse-cour. Menda observa un deuil pour Zaki.

Greg était affligé de voir son père si abattu. Le coq, connu pour son arrogance, s'effaça de la cour pour toujours.

Beaucoup de gens étaient conviés au mariage de Mutombo Menda avec Kabole Mwa Mbaya. Il avait eu lieu dans leur cour.

La peau des tam-tams vibrait sous d'énergiques mains des batteurs. Des femmes enduites d'huile de palme se déhanchaient sous les regards envieux des hommes.

Le chef Kaseki vint pour le mot de circonstance. Dans son adresse, il souhaita la bienvenue à Kabole. Il le bénit en lui remettant quelques cadeaux selon l'usage.

Les réjouissances s'étendirent jusque tard dans la nuit. Quelques jours après, Joseph et le mulami de Kalambayi quittèrent le village, satisfaits d'avoir accompli leur devoir.

L'arrivée de Kabole dans la cour de Mutombo Menda avait beaucoup amélioré le quotidien de Greg. La jeune femme était très affectueuse. Elle prenait soin de lui et s'assurait de son alimentation. Elle tomba enceinte au moment où sa sœur Ndaya donnait naissance à son deuxième fils.

Mutombo Menda donna le nom de Anastase Kaboza à l'enfant. Les notables s'étaient précipités à voir le petit bébé. Il n'était malheureusement pas aussi clair que son père. Il ne reçut pas leur aval pour succéder à son père.

Tous les espoirs étaient maintenant fondés sur Kabole Mwa Mbaya. Elle se sentait obligée de répondre aux attentes des notables de la cour. Et quand elle eut son enfant, le même jour, ils étaient au seuil de sa case pour valider le choix.

Mutombo Menda avait donné le nom de Casimir Mutombo au nouveau-né. Il était sur le point de recevoir l'approbation des notables, mais quelques- uns se désistèrent parce que Casimir avait une grosse tête même s'il était beau.

Impatients, les notables avaient résolu d'aller chercher dans d'autres familles l'enfant qui hériterait du couteau de l'égorgeur après Mutombo Menda. « Gérer c'est prévoir » se disaient-ils.
La peur de voir cette faveur s'éloigner de sa famille poussa Mutombo Menda à prendre une troisième femme. Elle s'appelait Ngoya. Il voulait multiplier ses chances de se donner un successeur.

Le premier jour du mois de juillet 1924, une pluie torrentielle s'était abattue sur le village des Bena Kaseki. Elle avait détruit les champs et renversé beaucoup de cases. C'est ce jour-là que Kabole Mbaya avait choisi de donner naissance à son deuxième fils.

Le Dieu des ancêtres avait enfin exaucé la prière de Mutombo Menda. Il y'eut une très grande joie dans la cour du chef Kaseki.

L'enfant était plus beau que son père. Il avait une belle tête bien sculptée et des yeux marrons. Le consentement des notables était unanime. Mutombo Menda le nomma du nom de son père Kazadi Tshakatumba.

C'est dans ces circonstances que j'étais devenu égorgeur à la disparition de mon père Mutombo Menda. J'avais dix ans quand j'héritai le couteau d'égorgeur du roi.

Je venais également de terminer mon école élémentaire que j'avais faite exclusivement en tshiluba, ma langue natale. Tout allait pour le mieux malgré mon jeune âge jusqu'au jour où le destin se bouscula.

Le chef de district blanc venait d'écarter le chef de la chefferie de Bena Kaseki. Il l'accusait de ne pas récolter suffisamment de coton pour contribuer à l'effort de la guerre mondiale. Il l'avait fait remplacer par Kabangu, un enseignant de Ngandajika qui n'avait aucun lien avec la famille royale.

Tous les autres chefs de Tshiyamba avaient désapprouvé son choix, ils réclamaient le retour de Kaseki.

Le mécontentement avait grandi, mais sans changer la décision du chef de district blanc. Je trouvais indigne de servir Kabangu. Je décidais de quitter le village et de m'en aller.

A l'époque, certaines personnes de mon village, y compris les notables, avaient mal vu ma décision de cesser d'égorger les bêtes dans la cour du nouveau roi. Ma mère était intervenue en leur faveur, mais je ne pouvais pas trahir une tradition si respectueuse. Partir fit une obligation et non pas une option. C'était dans ces conditions-là que je m'en étais allé au Katanga.

La tradition voulait que l'égorgeur sortant passe le relai à l'égorgeur entrant. La cérémonie n'ayant pas eu lieu, il n'y a pas eu de relève formelle, je suis parti avec le couteau de l'égorgeur. Kamina fut mon point de chute.

CHAPITRE DIX

J'ai Fui Ma Mère

Pendant son séjour à Kamina, au moment de son exode, mon père avait composé en tshiluba ce petit poème que j'essaie de traduire ici en français pour le rendre accessible à tous. Il l'avait intitulé « J'ai fui ma mère».

J'ai fui ma mère
Je pleure ma culpabilité
J'ai fui ma chère mère
Là est toute ma peine
Je me cherche un griot
De honte je souffre
J'ai craché sur ma patrie
J'ai coulé ma culture
Mon Roi s'appelait Kaseki
Il n'était pas tiède
Son oui était oui
Son non était non

Je me cherche un griot
Pour chanter ma honte
Pour chanter ma félonie
Pour chanter ma traîtrise

Il chantera là où l'on pleure
Il mourra là où l'on chante
Chez moi, à Kaseki
Sur la terre des aïeux
Chez moi
Ma mère est au front Cobalt, diamant et cuivre

C'est son affaire

Chez moi
Ma mère est en deuil de moi
C'est de ma faute
Car, j'ai fui ma mère
Chez moi, au Congo
Le Congolais n'est pas « Kongo au lait »

Le parlement n'est pas « parle et ment »
Nous ne trahissons pas

Regarde…
Chez moi au Congo
Le blanc est maître
Point un ami
Le noir est serviteur
Point un homme libre

L'indépendance est slogan
Le lion est sur le trône
Il règne à la place du Roi
Le paysan est banni

Chez moi au Congo
Je dors quand on pille
Je chante quand on pille
Je prie quand on pille

Noctambule affranchi
Dis à tes contemporains
Le Congo se trouvera un libérateur
Le Congo ne mourra pas
La non-violence des conciliants
C'est de la timidité
La muette violence des incultes

C'est de la trahison
La dialectique de la cupidité
C'est une insulte
La négociation avec des instruits

C'est de la félonie

Je lance un appel
Le Congo cherche un griot
Qui sait danser sur le brasier
Qui sait dire non

Le Congo se cherche un pur-sang
Pas un Blanc Noir
Qui dit oui au Blanc
Qui dit non au Noir

Quand il crache
C'est le sang
Quand il pleure
C'est du sang
Regarde-moi, fils
Mon mari est ton père
Je suis ta mère
Ne divorce pas le soir

Je me cherche un successeur
Ni violent,
Ni non-violent
Ni traitre

J'ai honte de le dire
J'ai fui ma chère mère!
Je mourrai loin de ses bras
Je mourrai loin de son kasala

Chants de terre rougie de sang Hymne de Kaseki
Quand vient le crépuscule
La peine saisit mon cœur

Ma mère crie Réveille-toi
Ma mère pleure
Le kasala est pour toi

Chant de mes ancêtres
Chant sans tam-tam
Chant des complaintes
Chant de peine

Je voudrais te revenir, mère patrie
Me reconnaîtras-tu
Ainsi acculturé

M'accepteras-tu
J'ai fui ma mère
J'ai fui ma terre
J'ai fui le Kasaï
J'ai fui le Congo

Modeste Kazadi avait écrit d'autres textes que je n'ai pas publiés dans ces pages. La plupart d'entre eux parlaient des événements de la vie qu'il avait vécus au Katanga.

Mon père me répétait ce à quoi il croyait en quittant Kaseki. La vie, disait-il, lui avait donné beaucoup de choses.

Après avoir passé la vie à recevoir, à courir après quelque chose qu'on voudrait avoir, il faudrait aussi un temps pour donner.

Son témoignage a été pour moi un cadeau appréciable. Je n'aurais jamais su que Kamina représentait autant d'intérêt pour lui! Les enfants ne pouvaient comprendre pourquoi leur grand-père devrait partir. Nous avions tous du mal à le laisser partir.

Les larmes avaient beaucoup parlé au moment de la séparation. J'étais au moins consolé que sa visite soit venue ajouter des chapitres d'expérience à ma vie.

Le 19 juillet 1990, la vie nous donnait une autre fille à qui nous avions donné le nom de Georgette-Gracia. Je n'avais pas fini de la contempler quand je reçus l'invitation d'aller faire une formation professionnelle d'une année à Brazzaville.

Nous étions dix-neuf à être choisis sur le réseau pour aller faire une formation professionnelle à l'ESACC, École supérieure africaine des Cadres des chemins de fer, de l'autre côté du fleuve Congo. J'étais enthousiasmé, car c'était la première fois que je sortais du pays. Nous sommes arrivés à Kinshasa le 19 novembre 1990.

Nous avions été accueillis au pied de l'avion par le service des Relations publiques de la SNCC-Kinshasa et logés dans des hôtels. Le mien laissait à désirer. Les murs étaient couverts des moustiques et il y avait des condoms abandonnés partout!

Juste à côté de mon appartement, un groupe électrogène vrombissait comme un moulin. Je me tins la tête entre mes mains et je me dis que j'étais fini. Je courus à la réception pour me plaindre, mais la femme que j'ai trouvée me dit qu'il n'y avait plus de chambre disponible.

Entre-temps, la fatigue réclamait le repos à mon système nerveux. Je me dis: Je vais prier le Dieu qui nous a créés tous, pour qu'il fasse en sorte que les moustiques s'endorment jusqu'à mon départ de cette satanée chambre.

Ma prière fut exaucée! J'ai dormi sans aucun dérangement jusqu'au matin.

Malgré cela, la série des surprises désagréables allait se poursuivre. Le même responsable des Relations publiques est venu me reprendre à 10 heures pour le Beach Ngobila. J'ai trouvé quelques collègues dans le minibus.

Au Beach, le Sakaroni, un splendide bateau de traversée nous attendait. J'ai vu le fleuve Congo dans sa majesté. Des paquets d'eau filaient à toute vitesse, faisant danser le Sakaroni et d'autres baraques à des rythmes cadencés.

Je remarquai que la navette était penchée d'un côté. J'ai demandé au capitaine ce qui n'allait pas. Il me dit que c'était sa position normale.

Une fois à bord de la vedette, le capitaine nous demanda de nous éparpiller en vue de répartir la charge. La recommandation fut croître mes inquiétudes. La traversée dura une quinzaine de minutes. Il faisait bien chaud à Brazzaville...

Nous étions tous décemment logés par rapport à Kinshasa. Le transport nous était assuré et nous avions un personnel de maintenance qui nous aidait aussi à cuisiner.

Le lendemain de notre arrivée, nous sommes allés faire le tour de l'école. Les étudiants venaient du Sénégal, du Gabon, de la Côte d'Ivoire, de Congo-Brazzaville et du Congo-Kinshasa.

Les formateurs venaient particulièrement de la France. Parmi eux, nous avions M. Jolie, un des concepteurs des boggies du TGV.

Nous avions des instructeurs mandatés par les pays fondateurs de l'ESAC. Nous recevions également des visiteurs venant du monde des affaires, des scientistes et des professeurs d'université.

C'est à Brazzaville où j'ai pour la première fois posé mes doigts sur un clavier d'ordinateur. Microsoft était encore absente du système de traitement de données. Les ordinateurs étaient gigantesques et occupaient toute la surface des tables. Ils étaient lents et bruyants comme des locomotives à vapeur.

Je ne voyais pas un avenir technologique dans ces engins qui demandaient plus d'intelligence qu'ils offraient. À ce point de déception, les périodes d'informatique devenaient des moments de nuisance. J'étais loin de m'imaginer que l'ordinateur allait bouleverser le monde plus tard.

Après deux épuisantes semaines de travaux, un vendredi après-midi, nous avions tous envie d'aller nous détendre à Kinshasa. J'avais mon sac de voyage prêt, comme mes nombreux collègues, je partis directement au port…

Je ne sais même pas ce qui m'avait fait hésiter, une fois au port, j'ai résolu de ne plus partir à Kinshasa.

Gilbert Kabuika, l'ami avec qui je partageais la chambre, est venu me rejoindre pour une promenade dans les magasins de la cité, sur l'avenue de la Paix.

La marche nous fit beaucoup de bien… Épuisés, nous sommes rentrés à notre résidence. Il faisait 5 heures du soir.

À notre arrivée à la résidence, on trouva un attroupement des gens qui pleuraient… C'étaient nos collègues des autres nationalités. Nous ignorions que la radio et la télévision nationales venaient d'annoncer le naufrage de Sakaroni…

On disait que tous les stagiaires congolais avaient coulé avec le bateau! Gilbert et moi serions du nombre des naufragés de Sakaroni, si nous ne nous étions pas ravisés! Sakaroni avait effectivement coulé dans le fleuve Congo avec nos camarades...

Nous avions pleuré toute la nuit... Nous étions inconsolables...

À un moment donné, je pleurais sur ma propre mort! Je m'imaginais ce que serait ma jeune famille sans moi...

Les nouvelles de l'incident étaient relayées par la télévision de Kinshasa. Les images montraient des individus tombés à l'eau, qui se débattaient sans bouées de sauvetage.

Le lendemain matin, au pays, le drapeau était mis en berne. Les noms des naufragés, y compris le mien, étaient lus sur les antennes de la radio et de la télévision.

Georgette suivait le reportage... Elle croyait à un rêve. Elle pleura seule dans la maison et attendit le matin pour en savoir davantage.

Les communications téléphoniques entre Brazzaville et Kinshasa se faisaient uniquement au niveau des ambassades. Nous sommes allés à l'ambassade du Congo à Brazzaville avec la liste des stagiaires qui avaient embarqué sur le Sakaroni. Le Bureau de liaison de la SNCC-Kinshasa reçut l'information exacte.

Il y avait également d'autres collègues qui avaient été repêchés des eaux. C'était un soulagement pour ma famille...

Parmi les disparus, il y avait Batena, un ami de longue date. Il était marié et père de quatre enfants.

Nous avons fini par accepter la fatalité et continué la formation. La tristesse réapparut avec les discours des intervenants à la fin de l'année. Le retour au pays était fait d'un mélange de joie et de peine.

Mes parents s'étaient précipités à venir m'accueillir à mon arrivée à

Lubumbashi. Je n'avais pas traîné. J'avais hâte d'embrasser ma femme et mes enfants.

Une marée humaine m'attendait à mon arrivée dans la gare de Kamina. Ma famille et mes deux amis lieutenants étaient du nombre. La police du chemin de fer devait frayer un chemin pour permettre à ma femme et à mes enfants de m'embrasser les premiers.

À mon retour à Kamina, je n'ai même pas eu la chance de rentrer occuper mon poste de chef de zone de transport... Une note de la DG m'élevait au rang de directeur d'exploitation. Je devais partir à Mutshatsha pour de nouvelles fonctions.

En 1991, la SNCC procédait à une profonde restructuration. Kamina devenait une direction au même rang que Lubumbashi. Dans le sud-est du Katanga, Mutshatsha était élevé au niveau de district, niveau inférieur à celui de Kamina.

Mutshatsha gagnait sa promotion en prévision de l'ouverture du port de Bangwela qui avait été fermé à cause de la guerre en Angola.

La paix étant revenue, la réorganisation au niveau de cette gare devait faciliter l'évacuation des produits agricoles et autres articles en provenance du pays voisin.

Il y avait donc des défis à relever par le chef du district et son adjoint. La première personne désignée pour chapeauter le district s'était désistée pour des raisons de sécurité. Le sud-est du Katanga était une région instable. Des incursions des rebelles y étaient fréquentes.

Encouragé par mes amis lieutenants, je partis à Mutshatsha avec la double casquette de chef de district et de directeur d'exploitation. Mes deux compagnons d'armes m'avaient fait la faveur de me laisser le pistolet qu'ils m'avaient prêté.

Avec ces changements, Mutshatsha connut une augmentation des recettes permettant de payer les salaires de tous les travailleurs de la Région Est.

La population locale bénéficiait de l'électricité et de l'approvisionnement en eau. On ouvrit aussi les soins médicaux aux autochtones.

Je trouvai Mutshatsha intéressant à cause de la présence de nombreux pygmées. Ils faisaient partie du 144e bataillon d'infanterie dirigé par le colonel Nsele Lemboto.

En aucun jour je n'ai vu un pygmée admis à l'hôpital. En revanche, quand ils tombaient malades, ils étaient amenés dans la forêt avoisinante et ils revenaient guéris.

Les pygmées avaient également l'habitude de passer la nuit ensemble, entassés comme des sacs de sable.

Une paix relative régnait sur toute la région grâce aux efforts du colonel Nsele Lemboto.

Puis, la montée du tribalisme que favorisaient les discours séparatistes du gouverneur de la province du Katanga, Gabriel Kyungu, compromit le bon climat de travail.

Les Kasaïens de Dilolo et des autres gares de la Région Est étaient sommés de quitter leurs maisons et de s'en aller.

Au niveau de Mutshatsha, le colonel faisait le nécessaire pour empêcher tout débordement.

Une nuit, il se rendit à Kayembe, une petite gare entre Kolwezi et Mutshatsha où était signalé un mouvement important de la milice du gouverneur de la province du Katanga. Il tomba dans une embuscade avec son peloton. C'était au mois d'avril 1993. Il fut tué, lui et son garde du corps.

La nouvelle de son assassinat tomba sur Mutshatsha comme une foudre. La population se retira dans la forêt par peur de représailles.

Un renfort des militaires venus de Kolwezi tirait dans tous les coins. Ils prirent un de mes agents et le mirent au pilori devant la gare pour l'exécuter.

Au moment où l'officier qui commandait les troupes allait appuyer sur la gâchette, je surgis pour couvrir mon travailleur. Une puissante détonation boucha mes oreilles. La balle partit.

L'officier était furieux contre moi. Ce jour-là j'avais failli perdre ma vie. Georgette apprit ce que j'avais osé faire et me reprocha d'avoir pris le risque pour un traître!

On accusait cet ouvrier d'avoir informé la milice du gouverneur de l'arrivée du colonel Nsele Lemboto. Je me rendis compte que j'avais agi sans réfléchir!

Une pluie abondante s'abattit sur Mutshatsha. Les disjoncteurs de la cabine électrique lâchèrent; Mutshatsha se retrouva plongé dans l'obscurité. Le silence était si lourd qu'on pouvait entendre les battements des ailes des chauves-souris...

Je sortis mon petit revolver en frémissant de peur. Heureusement pour moi, juste à ce moment-là, la veuve du colonel m'appela au téléphone: Directeur, ne crains pas pour ta sécurité. Je t'envoie trois soldats pour veiller sur ta famille.

J'eus alors le courage de sortir de chez moi le lendemain matin, et partis à la gare pour communiquer avec la DG sur les incidents de Kayembe et rassurer de la sécurité des travailleurs.

Les bureaux du Dispatch à Lubumbashi étaient assiégés par les autorités politiques et militaires. L'information que je fournis fut reprise par de nombreuses radios internationales quelque temps après.

Une semaine plus tard, je fus convoqué à la DG pour un rapport détaillé des incidents de Kayembe et de Mutshatsha. Curieusement, mon entretien avec le PDG porta sur des faits qui n'avaient rien à avoir avec l'incident. Aucune enquête ne s'en suivit.

Cependant, le fait d'avoir sauvé la vie de l'ouvrier mis en cause me permit de sortir les kasaïens de Kasaji, de Divuma et de Dilolo de leur isolement sans beaucoup de casses.

Avec l'aide des autorités katangaises des lieux, j'ai formé un train entier pour les évacuer avec leur mobilier. Ma famille et moi, nous prîmes place à bord de train d'exode en direction de Mwene-Ditu.

Le voyage dura trois mois dans un imbroglio sans précédent. Nous avions enregistré des malades, des naissances et des décès au cours de l'exode...
Les gens mouraient de la dysenterie et des accidents aux passages des ponts couverts.

Nous avions marqué des arrêts prolongés à Tenke, à Kamina et à Luputa. Nous avions passé deux nuits à Luputa en attendant qu'on nous trouve une voie d'accueil dans la gare de Mwene-Ditu, notre dernière destination.

Je profitais de mon séjour involontairement long à Luputa pour visiter Joseph Kalala, le frère de mon grand-père Louis Kambemba.

Il avait pris sa retraite de la Gécamines et était rentré terminer ses jours dans sa maison près de la station d'eau de la Regideso. Il était très content de me revoir après de nombreuses années de séparation.

Ma dernière visite remontait des années où j'étais encore étudiant et que Joseph Kalala vivait à Likasi dans le quartier Shituru. Il me remercia d'avoir enterré son frère Léon Ngoie. Il considérait mon rapprochement de Luputa comme une volonté de Dieu qui m'envoyait m'occuper également de ses obsèques. Il avait les jambes enflées et sentait sa mort prochaine.

L'ancien mulami de Luputa m'amena dans sa chambre à coucher et me présenta son costume préféré, un ensemble noir rayé et cravate. C'est la tenue qu'il me demandait de veiller à ce qu'on l'habille le jour où il sera allongé dans le cercueil…

Je promis de veiller à sa dernière volonté. Alors que je regrettais le refoulement du Katanga, mon arrivée dans le Kasaï représentait une bénédiction pour Joseph Kalala.

Mon seul regret était que mes compagnons et moi étions en train de payer une lourde facture du refoulement sans raison apparente. Nous étions pourtant pour la plupart natifs du Katanga et nous n'avions aucun lien avec le Kasaï qui nous accueillait.

Mon père apprit avec consternation mon aventure du départ au Kasaï. Il me pressa de faire de mon mieux pour quitter le lieu. Je paierai cher mon entêtement.

Le Mwene-Ditu que je retrouvais le 23 juillet1993 n'avait rien de comparable avec celle que Virginie m'avait fait visiter! Longtemps considérée comme la porte d'entrée du Kasaï, la gare ressemblait plutôt à un camp des réfugiés. Une odeur nauséabonde nous accueillit à la descente du train.

La chose qui attira immédiatement mon attention fut les nombreuses tentes des Médecins sans Frontières (MSF) le long du quai des voyageurs. Leurs occupants, les refoulés du Katanga, s'affairaient à cuisiner et à laver des linges. Les enfants torses nues déféquaient en plein air sur le rail.

Les chiens et les poules se ruaient sur leurs excréments, on dirait des gâteaux d'anniversaire. Les radios laissaient entendre des cantiques religieux comme pour demander miséricorde à Dieu pourquoi il a abandonné des enfants dont le seul tort est d'être nés kasaïens.

Le malheur était visible à l'œil nu. Ces scènes m'étaient déjà familiers... Sur notre chemin, de Dilolo à Luputa, je n'avais vu que cela.

Nous avions espéré, en partant du Katanga, que sur la terre promise nous trouverions du réconfort, eh bien, ce ne fut pas le cas. Nous entrions en revanche dans l'antichambre de la mort.

Le lendemain de notre arrivée, les MSF avaient dénombré une quarantaine de décès dans la gare. Le nombre des morts augmentait chaque jour.

La dysenterie et la malaria en étaient les principales causes. Ceux qui mouraient ne devaient pas vivre de telles conditions macabres.

Leurs parents s'étaient sacrifiés pour bâtir l'économie du Katanga au travers de la Gécamines et de la SNCC. Ils se retrouvaient en ces jours jetés à la poubelle comme des joncs de citron.

La nuit suivante, je fus agressé en gare par des bandits à mains armées. Ils avaient pénétré dans ma voiturette et s'apprêtaient à nous spolier. Je récupérai mon pistolet et tirai une balle par la fenêtre. Les bandits ont fui.

Je n'avais jamais souffert jusqu'à ce point. L'ennui d'adaptation, l'insalubrité et l'alimentation médiocre finirent par ruiner ma santé. Je perdais du poids chaque jour.

Heureusement pour moi, au mois d'août, le PDG vint en tournée à Mwene-Ditu. Il ordonna que je sois décemment logé. Il paya également mes arriérés de salaire.

Une fois ma famille à l'abri, je pris un vol pour aller voir mes parents à Lubumbashi. Ils n'habitaient plus la Katuba. Ils louaient un bel appartement au centre-ville.

Aux dernières nouvelles, mon père était très malade et souhaitait me voir. Il avait connu une crise cardiaque et l'on craignait pour sa santé. Malgré les soins qu'il recevait, son état de santé continuait à se dégrader.

Quand je suis arrivé à Lubumbashi, il avait déjà perdu l'usage de la parole. Il ne put malheureusement rien dire jusqu'à son départ le 24 février 1996.

Modeste Kazadi Tshakatumba, le dernier égorgeur de Kaseki, venait de rendre l'âme à soixante-seize ans. Il s'en alla sous mes yeux rendre compte à ses aïeux sur l'interruption de la tradition des égorgeurs. Il avait expiré son dernier souffle loin de sa terre natale comme il l'avait prophétisé quand il avait écrit:

J'ai honte de le dire
J'ai fui ma chère mère!
Je mourrai loin de ses bras
Je mourrai loin de son kasala

Je contemplais son corps inanimé allongé dans le lit qu'il partageait avec ma mère depuis la nuit des temps. Ma mère avait apprêté le corps avant de m'informer de son décès. Elle me priait de me contenir avant d'informer la famille.

Les larmes n'arrêtaient pas de ruisseler de mes yeux malgré ses supplications. Modeste Kazadi avait choisi de mourir en ma présence… C'était son souhait de tout le temps. Il s'en allait fier de sa progeniture...

Il y avait parmi ses enfants: des médecins, des ingénieurs et des licenciés prospères.

Nous avons fait son deuil dans la dignité. Son âme repose en paix au cimetière Sapin de Lubumbashi, loin de tous ceux qu'il a aimés. « Les grands esprits ne meurent jamais. Leurs idées, leurs œuvres triomphent de l'oubli, résistent à l'usure de temps », enseigne un dicton. Kaseki a sculpté ses rêves en répandant un venin d'amour et d'espoir qui affecteront des générations à venir.

CHAPITRE ONZE

Où Sont Passés Mes Hutus

Novembre 1995, les autorités politiques avaient vendu la SNCC à Claes, un sujet belge. Le nouveau propriétaire avait restructuré l'entreprise. Mon nom ne figurait nulle part dans son organigramme. Toutefois, en février 1996, Claes me fit venir à Lubumbashi. Il s'excusait d'avoir omis mon nom et proposait de me reprendre comme directeur de transport. Les apparatchiks katangais ne voulaient pas de kasaïens à la DG. Claes s'était désisté. Je suis resté sur le pavé pendant une année.

En 1997, l'AFDL (Alliance des forces de libération) de Laurent Kabila faisait son entrée au Congo.

Il y avait de l'instabilité sur tout le territoire du Congo. L'homme qui avait été mon client à Kabalo s'était proclamé président de la République après l'évincement du Marechal Mobutu.

Laurent allait-il reconnaître celui qu'il appelait Ricky, si j'arrivais à le rencontrer? Le hasard fit que la DG me réhabilita.

J'étais nommé directeur d'exploitation et coordinateur des services à Mwene-Ditu. La donne avait changé et je ne voyais plus l'utilité de quitter le Kasaï.

La révolution de Laurent débuta malheureusement avec beaucoup de ratés. Ses militaires, pour la plupart des Rwandais, tuaient sans sommation. Ils avaient une fois en ma présence abattu deux jeunes gens devant la gare parce qu'ils portaient un bandeau rouge autour de la tête. Nous vivions comme des individus en état de siège. Aux moindres infractions, c'était la chicotte sur les fesses.

Alors que les Kasaïens victimes des expulsions du Katanga n'avaient pas fini de panser leurs plaies, la gare de Mwene-Ditu devait également faire place à des trains spéciaux qui venaient de Lubumbashi. Ils étaient annoncés comme transportant des marchandises périssables.

Je m'attendais sincèrement à de la viande de bœuf et du poisson, selon la promesse du nouveau président.

Le message annonçant leur arrivée était codé et stipulait:
«Avertis l'administrateur du territoire de Mwene-Ditu de l'arrivée incessante des convois des périssables. Prends les dispositions qui s'imposent pour faire de la place dans la gare ». Signée, la DG.

J'en fis part à l'administrateur du territoire avec beaucoup de questionnements. Sa réponse était evasive… Il me demandait plutôt de me préparer à recevoir la marchandise.

Le premier train arriva en août 1997. Le chef de gare le reçut sur la voie de quai.

J'étais présent, en compagnie du maire et du commandant de la ville, un militaire tutsi rwandais.

C'était du jamais vu! Les wagons étaient bien remplis, ils puaient comme une charnière. Les occupants étaient des personnes humaines, des Hutus qui fuyaient la guerre tribale au Rwanda. Hommes, femmes et enfants jonchaient dans des wagons ouverts comme du charbon de bois.

Le regard vidé, les yeux assortis par diverses maladies et la faim, ils besognaient dans les wagons comme du bétail.

La scène était lugubre et inhumaine. Jusqu'à ce jour, je vois encore ces Hutus accrochés à mes paupières.

Il y eut un train, puis un autre et d'autres encore. La gare entière fut occupée jusqu'aux portes de nos bureaux. Elle ne tarda pas à se changer en morgue.

Chaque jour qui passait, il y avait des morts. Voilà ce que la DG appelait de la marchandise périssable.

L'encombrement des Hutus avait rendu la gare infréquentable. On avait à faire à un dépotoir des carcasses humaines. Leur odeur arrivait jusqu'à ma résidence.

Il eut des centaines de wagons réceptionnés en moins d'un mois. Mes interpellations de l'administrateur du territoire n'apportaient aucun changement. Je lui demandais en vain d'évacuer la gare pour nous permettre de travailler.

Des jours, puis des semaines s'écoulèrent sans suite. Surprise! On se réveilla un matin sans sentir le parfum nauséabond. On m'apprit qu'il n'y avait plus des Hutus dans la gare.

Effectivement, à mon grand étonnement, je trouvai la gare nettoyée. De la chaux avait été répandue à des endroits infectés.

Je conclus que l'administrateur du territoire avait enfin trouvé une place où stocker sa marchandise périssable... Ce n'était pas le cas! Les misérables Hutus auraient été enterrés dans les brousses environnantes, dans des fausses communes...

Quand je posai la question à l'administrateur, il me répondit: Tous ces gens étaient malades. Je n'ai pas l'argent pour les faire soigner. Comprends-tu?

Une page d'histoire fut ainsi tournée. Mes Hutus avaient disparu comme de la fumée dans le ciel!

Je dus également faire face à d'incessantes demandes d'argent de la Compagnie.

Je me retrouvais sommé à ponctionner la caisse pour assouvir les caprices des politiques et des militaires... Je me demandais jusqu'où j'irais avec cette nouvelle forme de gestion. Mon planton faisait des navettes pour déposer des paquets d'argent sans autre forme de procès.

Il s'appelait Jean de Dieu. C'était un homme loyal et je lui faisais confiance. Un jour, je découvris que le nom de famille de mon planton était Mujibala.

J'essayai de me remémorer de qui il pouvait être question et je trouvai.
Je le fis assoir un soir et lui posai des questions. Il tremblotait, croyant que je le soupçonnais de vol d'argent.

Où est-ce que tu as étudié? Lui demandai-je.
Je n'ai pas fini mon école primaire, dit-il.
Je te demande où tu as fait tes études.
À Lubumbashi, à l'École officielle de la Katuba.

Les larmes coulèrent de mes yeux... J'étais en face de Mujibos, l'homme qui me défendait quand je subissais les intimidations de mes camarades de classe…

Ma joie fut immense de le retrouver! Il me reconnut également à son tour...
Les bruits coururent dans le petit faubourg de Mwene-Ditu que Mujibos, le planton, fut le collègue de classe de son patron.

Je résolus de le protéger à mon tour… Je lui trouvai un logement viable au camp des ouvriers. Je le fis insérer dans les rangs de la police du chemin de fer. De cette manière, il pourrait m'accompagner dans les missions de service.

Quant à Virginie, elle s'était déjà mariée. Elle était mère d'un petit garçon. Elle et Mujibos faisaient désormais partie de ma famille! On se visitait régulièrement. Il n'avait pas tort, celui qui a dit qu'il n'y a que les montagnes qui ne se rencontrent jamais.

Le 22 décembre 1997 à Mbuji-Mayi, la capitale diamantaire, Georgette venait d'accoucher de Marie-Ange Kapinga, notre cadette. Elle est venue au monde avec un sourire qui nous a illuminés. Elle était si jolie que je commençais à lui donner de petits noms chimériques.

Le sourire de Marie-Ange ne dura pas longtemps, car il se transforma en de continuels pleurs alors que Georgette s'apprêtait à sortir de la maternité. Le bébé faisait de la fièvre et refusait de téter… On finit par diagnostiquer une méningite virale...

Je faisais des navettes entre Mwene-Ditu et Mbuji-Mayi pour encourager Georgette. Elle passait des nuits blanches au détriment de sa santé, elle aussi.

À peine revenue à la maison, Georgette devait faire face au décès de son frère aîné… Célestin venait de se remarier. Il avait quitté Mbuji-Mayi où il avait perdu sa première femme. Il était parti ouvrir une compagnie d'assurance à Lubumbashi. Il fut empoisonné sur le lieu de travail, il n'avait que 41 ans! Son deuil a coïncidé avec d'autres tourments...

J'essayais de garder le moral pour soutenir ma femme. Entre-temps, les difficultés au travail se multipliaient... Les nouvelles autorités du Kasaï et de la SNCC démandaient l'argent de la compagnie sans aucune justification.

À commencer par le numéro un, le PDG; il m'envoyait des messages et demandait de le rencontrer à Mbuji-Mayi avec d'importantes sommes d'argent pendant ses escales pour Kinshasa et Lubumbashi. Il faisait également envoyer des messages d'annulation des frais de chômage des wagons et sollicitait de suppression de frais de transport des envois de certains clients comme Vantranska et un Grec qui avait ouvert un super marché à Mbuji-Mayi.

Un jour, c'est le procureur général de Mbuji- Mayi qui vint chez moi me demander de lui donner dix mille dollars.

Je lui demandai d'où je pouvais prélever une si grosse somme d'argent à donner. Je fus jeté en prison pour n'avoir pas honoré sa demande! Pour camoufler son abus de pouvoir, il m'accusa d'héberger à ma résidence des espions tutsis venus du Rwanda.

Je me sentais déstabilisé. Découragé, miné par toutes sortes d'accusations, je me voyais descendre en enfer....

Comme le malheur ne vient jamais seul, mon caissier m'assomma d'une massue sur la tête. Il s'organisa et prit la fuite avec cent quatre-vingt mille dollars; cette somme qui était destinée à la paie du personnel.

Il alla se cacher à Kabinda, à 150 kilomètres de Mwene-Ditu.

Un jour après, la radio annonçait son arrestation. Je suis parti moi-même à Kabinda pour le ramener à la justice de Mwene-Ditu.

La somme détournée était presque intacte, heureusement. Le voyage aller-retour vers Kabinda m'avait épuisé, tellement la route était mauvaise. À mon retour, je me rendis à Mbuji-Mayi pour des soins médicaux.

Les hommes du procureur général surgirent dans le cabinet du médecin et m'amenèrent au bureau de leur chef pour un interrogatoire à huis clos.

J'ai eu le courage de lui dire ce que je pensais de sa personne: une pourriture installée dans les locaux de l'État, qui vivait de nos taxes et qui terrorisait les paisibles citoyens.

Il m'a ri au nez et m'a dit que c'était son temps de me démontrer qu'il était le plus fort.

Il me jeta en prison pendant une semaine. Je fus transféré à la pénitence de Mwene-Ditu sur intervention de mon avocat. J'étais ligoté comme un criminel...

On me promenait chaque jour au tribunal pour audition. Sur la route de la prison, les injures et hurlements des enfants et des femmes m'accompagnaient jusqu'aux portes du tribunal et de la prison. Nous étions plus de deux cents prisonniers dans une large salle de près de 15X7m.

Nous faisions nos besoins en public dans une coupe de tonneau installé au milieu de la salle. Il dégageait une odeur insupportable.

Pour recevoir la faveur de manger, Georgette devait donner de l'argent aux gardiens de la prison. Je passai deux semaines dans cette salle.

J'ai palpé la méchanceté humaine et compris pourquoi mon père me conseillait de quitter le Kasaï. Tous les amis avaient disparu. Ceux qui mangeaient dans mon assiette tiraient des ficelles derrière moi pour me voir souffrir davantage.

Les larmes de ma femme et celles de mes enfants étaient loin d'étancher leur soif. Ils voulaient me voir mort! Je jurai de partir de

Mwene-Ditu une fois libre.

Dans la puanteur de la prison, je pensais aux paroles de mon père qui me suppliait de ne pas aller au Kasaï... Modeste Kazadi disait à tous ses enfants: « Écoutez-moi! Laissez-vous aller; une route mène toujours à quelques endroits habités. Si vous ne trouvez pas des choses agréables ici, vous trouverez des choses nouvelles là-bas ».

Cette voix résonnait intensément à mes oreilles... Je me promis d'obéir une fois hors de cette antichambre de la mort!

La prison m'avait défiguré… en peu de jours, je ressemblais à un squelette. Mon visage était envahi par une précoce barbe blanche. Je titubais à ma sortie, sans aucune force. Je voyais une nourriture posée à table comme une faveur! Il faut avoir été prisonnier pour mieux apprécier la liberté... Je ne pouvais me permettre qu'on me la reprenne. Je décidai de partir pour d'autres cieux, en quête de la liberté...

Mon père avait fait le même choix avant moi. Il avait refusé d'aliéner son indépendance pour des traditions qui avaient longtemps enchainé ses ancêtres.

Modeste Kazadi s'était déchainé des rites improductifs des générations d'égorgeurs pour donner la liberté à sa progéniture.

Revenu à la maison, au grand mécontentement de mes adversaires, je m'empressai d'envoyer Georgette et les enfants chez ma mère à Lubumbashi. Puis, nuitamment, accompagné de Mujibos, je partis à Mbuji-Mayi où je pris un vol pour Lubumbashi.

Je laissais derrière moi deux maisons, un entrepôt et tant d'autres biens que j'avais acquis par la sueur de mon front. La famille élargie et les amis sont également restés...

J'étais encouragé par l'adage populaire qui dit « un de perdu dix de retrouvés ».

Pour moi, la liberté pesait dans la balance plus que toutes ces choses réunies... Je me suis détaché de tout sauf de Marie Mutoba, ma mère.

CHAPITRE DOUZE

Devenir Une Héroïne

Je me réveillai quand j'entendis le régime de la puissance des moteurs de l'avion changer.

Le Boeing relevait son nez pour amorcer la descente. Je posai la tête sur l'épaule de Georgette et je fermai les yeux jusqu'à ce que les trains d'atterrissage touchent la piste.

Je les rouvris quand le pilote se mit à freiner... J'avais les oreilles complètement bouchées.

C'était la deuxième fois que j'atterrissais sur l'aéroport de Lusaka. Mon premier voyage remontait à 1993 quand je revenais de vacances au Kenya...

L'image de ma mère me revint à l'esprit au point où je faillis pleurer. Ma dernière rencontre avec Marie Mutoba datait de 2001 quand elle se rendait au Zimbabwe, chez mon frère Sylvain Kalala pour des soins. Puis, elle était accueillie chez Dhally Menda à Lusaka en Zambie.

J'avais de la peine à croire qu'elle s'en était allée! Je venais de parler avec elle deux jours avant qu'elle expire... Au téléphone, à notre dernière conversation, elle se raillait de la mort et voulait incessamment partir.

Je lui demandais d'attendre que j'arrive, mais elle disait que cela ne dépendait pas de sa volonté. Quand j'insistai, elle me répondait qu'elle n'avait aucun pouvoir sur la mort. Elle m'encouragea néanmoins en disant qu'elle allait essayer de résister.

Mais le message que je reçus le matin du 11 janvier 2015 était sans ambiguïté:

Lusaka, le 11 janvier 2015

Maman Marie Mutoba nous a laissés. Signé Dhally Menda.

J'avais senti comme si le ciel avait touché la terre… J'ai quitté le travail et suis rentré à la maison en pleurant. Il ne me restait qu'une chose: voir son corps et confirmer que ma mère était réellement morte.

Le lendemain de notre arrivée, mon frère Dhally Menda nous conduisit à la morgue où reposait le corps de Marie Mutoba… Je reconnus son beau visage garni des cheveux gris. Elle avait ses yeux complètement fermés comme si elle dormait.

J'osai même l'appeler, mais elle était indifférente. J'appelai de nouveau:

Maman Marie! Maman Marie!

Dhally qui est médecin me dit: Albert! Ne vois-tu pas que son accordéon thoracique ne vibre plus?

Maman est décédée… Je considérai longuement son visage…Je regardais ses lèvres dont j'ai hérité l'épaisseur, elle semblait me chuchoter: Albert! Ne me dérange pas s'il te plait. Je dors!

Je n'arrêtai pas d'appeler: Maman Marie! Maman Marie! Maman Marie!

Georgette me tint la main et me dit de me calmer. Je compris alors que ma mère n'était plus de ce monde. Les larmes ruisselaient de mes yeux comme un torrent. J'étais inconsolable!

Aux obsèques, lors de l'oraison funèbre, les mots pour demander à Dieu de me remonter le moral ne venaient pas. Marie Mutoba Kambemba a été enterrée le 26 janvier 2015 au cimetière Memorial Park Leopards Hill, à Lusaka en présence de ses enfants et leurs femmes.

Elle venait de fêter son quatre-vingt-cinquième anniversaire! Les anges l'avaient subtilisée de notre affection.

Dieu, pourtant comblé par la Vierge Marie, désirait également faire d'elle sa Reine des Cieux.

Ce n'est pas la terre qui l'avait engloutie, c'est le Ciel qui l'avait happée.

Nous avons fait le deuil de notre mère loin de la maison qu'elle avait construite de ses propres mains à la Katuba, à Lubumbashi. Ceux et celles qui l'avaient côtoyée et qui l'avaient connue regrettaient de n'avoir pas pu l'accompagner à sa dernière demeure...

On me rapporta que son amie Kalenga Fabiola, la veuve de Sylvano Kansela, fut inconsolable.

En juillet 2019, nous avons posé la pierre tombale sur sa dernière demeure.

Elle repose loin du lieu de repos de son chéri, Modeste Kazadi Tshakatumba...

Marie Mutoba a accompli, par sa détermination, une mission qu'elle s'était assignée quand elle épousait mon père: amener ses enfants à la réussite par l'éducation!

Sa réputation d'héroïne n'est pas à revendiquer: elle a été justifiée par sa volonté de partir à la rencontre des difficultés de toutes sortes sur le chemin des siens.

La famille Kaseki, brisée par une femme, sera restaurée par une autre femme qu'elle a été.

Mon frère Prof. Dhally Menda a rendu ce témoignage de Marie Mutoba Kambemba en ces termes:

"Aged 14, Marie Mutoba, the first-born daughter of a famous judge of a district of Luputa, stopped her education because of her marriage to a handsome gentleman called Modeste Kazadi Tshakatumba.

As a literate and visionary woman, she vowed to revenge for the missed educational dream by educating all her 9 children.

Thing she did.

As a serial entrepreneur with a golden touch, she worked closely with her husband, to conceptualize, establish and manage several business ventures, e.g. a successful retail shop business and bar, real estate, general business, etc.

As a non-nonsense and God-fearing mother, she instilled the sense of leadership and honesty in her children, and never hesitated to mobilize all resources possible, even sales of her own clothes, to not only educate her children to the highest level of education; but also catapulted them into getting great jobs, starting great companies and charitable organization, and succeeding, both within and outside of Congo DR.

In her old age, as a wise and experience widow, she continued to plant the seed of responsibility, leadership, and management in her grand and great grandchildren, of whom some have become extremely successful entrepreneurs.

When exiting the earth, age 84, Maman Marie, as she was known, left behind genes, spiritual and intellectual assets, which are living in her 9 children, 51 grandchildren and grand grandchildren".

Bienheureuse est la terre zambienne qui abrite la tombe de Marie Mutoba! Je lui resterais également reconnaissant pour nous avoir accueillis.

Elle nous avait ouvert ses portes le 17 septembre 1998 quand nous avons fui le Congo à cause de la haine. Nous y avions paisiblement séjourné. Des personnes compatissantes ont veillé sur nous pour que nous ne manquions de rien.

Pendant les trois années passées à Lusaka, nous avions oublié les atrocités vécues au Kasaï. Mes enfants sont allés encore plus loin en oubliant jusqu'aux langues locales du Congo.

La Zambie leur avait donné une nouvelle langue, le nyanja, dont ils parlent avec fierté.

Le Zambien est si altruiste que mon frère Dhally Menda n'a pas hésité à prendre sa nationalité! Il a développé beaucoup d'œuvres caritatives. En 2018, Prof. Dhally a construit une école élémentaire qu'il a baptisée du nom de Modeste Kazadi Tshakatumba, rapprochant ainsi notre défunte mère de son mari, le dernier égorgeur du cheptel du roi Kaseki.

Enregistrement du témoignage de Modeste Kazadi pendant son séjour à Kamina en 1989. En face, le bâtiment de la Procure. J'avais effectué une série d'enregistrements avec mon père depuis sa rencontre avec Léon Ngoie, l'intendant de la paroisse Saint Michel.

Visite du ministre de Transport, Mbatshi Mbatshi, en gare de Kamina en 1990. Le ministre était étonné de voir un si jeune homme aux affaires. De gauche à droit : Dr Kabwe Ngoie, Odon Kabeya (aujourd'hui homme d'affaires *florissant*), *Albert Kazadi et Kajingulu*

Ici avec le gouverneur du Kasaï Oriental, Jean Charles Okoto, nouvelle autorité de l'AFDEL amenée par Laurent Désiré Kabila en visite à Mwene-Ditu. L'auteur, Albert Kazadi à sa gauche. Charles Okoto fut également ministre des Affaires Étrangères dans le gouvernement de Laurent Kabila.

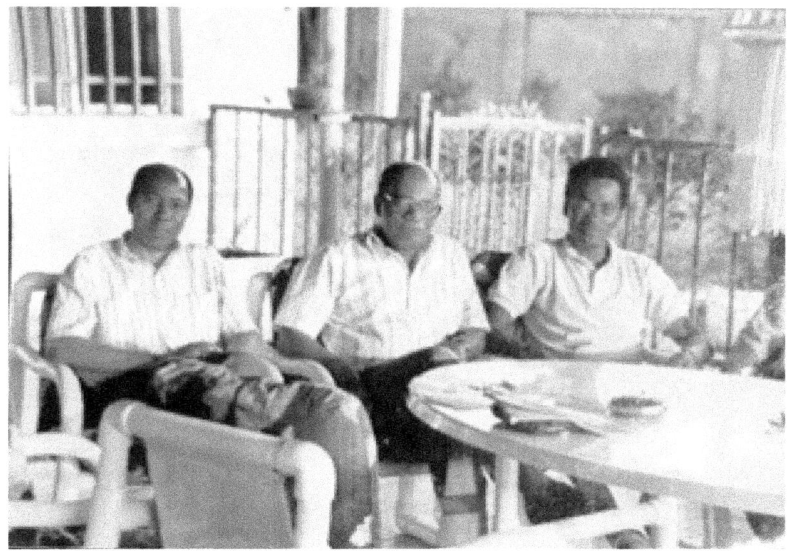

Lubumbashi, à la résidence de Albert Kalonji Mulopwe, autrefois Empereur de l'État du Sud Kasaï, en compagnie du professeur Symphorien Mudiasa, à sa droite, en 1990.

Kamina 1990 : Mes aînés, Joëlle et Steven Batiston, posent avec les bérets rouges de mes compagnons d'armes.

Georgette Jolie Misengabo Mukandila et moi venions juste de nous fiancer.

Marie Mutoba et son petit-fils Steven Batiston à Kamina en 1990

Marie Mutoba et ses fils : à sa droite, mon frère Prof. Dhally Menda.

Mes enfants avec leurs nouveaux amis à notre refoulement au Kasaï, à Mwene-Ditu en 1993. En arrière-plan, Georgette avec son bébé Évodie et sa sœur Émérence Kabole. Nous ne savions même pas où loger nos meubles.

Essac 1991. De gauche à droite : un étudiant Ivorien, Ba du Sénégal, Albert Kazadi, Dianba, Ba (Instructeur venu du Sénégal), Tshimanga Tshileo, un Béninois, Batakilua, un Congolais. Accroupis : Kiki Jeanne, un Sénégalais, Diouf, Béatrice Mbuyi.

Photo prise en 1985, au moment de notre mariage dans une petite église catholique de la campagne à Kabalo. Ici, entourés du lieutenant Richard Tshimanga et son épouse, parrains de baptême de mes aînés, Joëlle et Steven.

À la prison de Mwene-Ditu en compagnie du procureur de la République (costume vert) et ses juges quelques jours avant mon arrestation.

Visite de mon frère aîné Lucien à Ottawa en 2004

L' AUTEUR

L'égorgeur du cheptel royal est le récit d'un jeune orphelin, déçu par un système féodal traditionnel en désuétude, qui décide de quitter ses prestigieuses fonctions d'égorgeur de roi pour une nouvelle vie dans une société urbaine en émergence. Du fil en aiguille, l'auteur nous fait découvrir une tradition ancestrale jusqu'ici ignorée des ethnologues, pourtant autrefois très considérée.

Dans ce narratif envoutant, l'auteur nous connecte également avec sa petite vie d'enfance faite de naïveté et d'audace, son entourage et ses ambitions déçues pour des raisons.

Albert Kazadi Tshakatumba détient un baccalauréat en Éducation de l'Université d'Ottawa. Il possède également une licence en Relations internationales et un diplôme de la logistique de transport. Après des années de service au Chemin de fer du Congo, il s'est investi dans l'enseignement en Immersion française. Il vit actuellement au Canada en Alberta à Edmonton.

www.ingramcontent.com/pod-product-compliance
Lightning Source LLC
Chambersburg PA
CBHW051805050726
47598CB00006B/2432